Jörg Nießen

Jackie hat Hirn erbrochen – bleibt die jetzt doof?

Jörg Nießen

Jackie hat Hirn erbrochen – bleibt die jetzt doof?

Einsätze, die jeden Retter verzweifeln lassen

Eden BOOKS

»Kein Mensch tritt ohne Grund in dein Leben – der eine ist ein Geschenk, der andere eine Lektion.«
Quelle: unbekannt, gefunden im Portemonnaie von Marlene

Inhaltsverzeichnis

Vorwort

»Am Anfang war das Vorwort«, sagt ein Zitat von Ulrich Erckenbrecht. Doch wozu sind die wenigen Zeilen am Anfang eigentlich gut? Vorworte werden eh nicht gelesen, erzählt man sich in Schriftstellerkreisen. Allerdings sind sie für den Autor die einzige Möglichkeit, quasi in Kontakt mit den Lesenden zu treten, um von vornherein Missverständnissen vorzubeugen und die eigenen geistigen Ergüsse ins rechte Licht zu rücken.

Daher an dieser Stelle ein wichtiger Hinweis: Sie halten kein Fachbuch in der Hand! Dieses Werk dient ausschließlich der Unterhaltung und soll zum Lächeln, Lachen und Staunen einladen. Und sollten Sie hier und da nachdenklich werden, so ist auch das durchaus gewollt, obwohl es mir fernliegt, den erhobenen Zeigefinger in Gänze auszustrecken.

Weil ich in der Vergangenheit gute Erfahrungen mit O-Tönen gemacht habe, trägt dieses Werk den provokanten Titel: *Jackie hat Hirn erbrochen – bleibt die jetzt doof?* Um diesbezüglich eines vorwegzunehmen: Die menschliche Denk- und Steuereinheit hat keine direkte Verbindung zum Magen-Darm-Trakt; den Rest erfahren Sie in der schönen Episode *O Herr, wirf Hirn vom Himmel.*

Der Untertitel kokettiert damit, dass sich Rettenden hier und da Gedanken über den Sinn und Unsinn von Notrufen aufdrängen, obwohl jeder professionellen Einsatzkraft natürlich klar ist, dass Notrufende sich im Augenblick der Alarmierung in einer Ausnahmesituation befinden, die sich jenseits des normalen Erfahrungshorizonts abspielt. Von ein paar Stammkunden mal abgesehen. Wenn es also darum geht, die 112 anzurufen, gilt der unverrückbare Grundsatz: »Lieber einmal zu viel als einmal zu wenig!«

»Nach der Lektüre dieser *schriftlichen Beichte eines Berufsversagers** ruft doch niemand mehr die Rettung«, höre ich bereits die Kritiker schreien, aber genau das glaube ich keineswegs. Denn wenn auch nur ein Fünkchen Wahrheit in diesem Vorwurf glühen würde, hätte nach Ausstrahlung der *Schwarzwaldklinik* kein Mensch jemals wieder ein Krankenhaus betreten. Oder nach dem Konsum von Krimis mit korrupten Polizisten die 110 gewählt.

Aber worum geht es in *Jackie hat Hirn erbrochen* konkret? Hein, mein erklärter Lieblingskollege im inzwischen vierten Buch, steckt in einer gewissen Sinnkrise und ist über die Jahre etwas dünnhäutig geworden. Ölspuren, die keine sind, nagen an seinem beruflichen Selbstverständnis, genauso wie ihm eigene Missgeschicke zu schaffen machen. Es läuft halt nicht immer alles glatt, und die Kollegen kennen im Rahmen der Schadenfreude keine Gnade.

Darüber hinaus werden wir zwar meistens aktiv gerufen, sind manchmal jedoch nicht willkommen, wie sich in *Der Rauswurf* zeigt, und ein anderes Mal freut man sich zwar, wenn wir kommen, und dennoch sind wir völlig fehl am Platz. Lassen Sie mich so viel verraten: Senioren und Drogen ergeben einfach keine gute Kombination.

Zwischendurch gibt es einen Ausflug ins Privatleben, der Hein und mich tatsächlich fast das Leben gekostet hätte, aber auch herrenlose Mülltüten und mechanische Abflussstauungen an männlichen Geschlechtsteilen spielen eine Rolle.

Zum Schluss mündet alles in einem dramatischen Höhepunkt, aber wer weiß, vielleicht ergibt sich dennoch ein Happy End.

Alle Übereinstimmungen mit lebenden oder toten Personen sind rein zufällig. Der rote Faden in den Geschichten ist zwar aus der Wolle des realen Lebens gesponnen, der Rest jedoch aus guten Gründen verändert, bewusst übertrieben und hier und da sogar frei erfunden.

Last but not least findet sich am Ende dieses Buches eine Art Bonustrack in eigener Sache. Weil viele Lesende meiner Bücher nicht meinem Berufsstand entstammen, liegt es mir am Herzen, ein wenig Aufklärungsarbeit zu leisten, um so manchen Notruf zu vermeiden. Womöglich leisten Sie damit einen Beitrag, wertvolle Ressourcen zu schonen und letztendlich Leben zu retten.

»Wenn ich im Dienst faul sein darf, dann gehts dem Bürger gut.« – getreu diesem Motto lade ich Sie ein, ein kleines bisschen über die Einsatztaktik von Rettungsdienst und Feuerwehr zu erfahren. Ich möchte nicht, dass Sie übervorsichtig werden oder gar zum Prepper mutieren, doch der ein oder andere Hinweis kann für den persönlichen Alltag durchaus von Nutzen sein – es müssen ja nicht immer Spatzen vor den Kanonen herumfliegen.

Und jetzt viel Spaß beim Lesen! Hein kann ihren Beistand gut gebrauchen ...

Ihr Jörg Nießen

* Übrigens auch ein O-Ton. In diesem Fall aus einer Rezension eines meiner früheren Werke.

Die Ölspur

02.02.2020. Hein feierte Geburtstag. Zwar nicht auf den Tag genau, aber vor etwas mehr als einer Woche hatte sich das Jahrgedächtnis seines körperlichen Verfalls wiederholt. Auf meiner Wache ist es dann üblich, die Kollegen daran teilhaben zu lassen.

Da es zu üblen Missverständnissen führen kann, wenn man einfach eine Kiste Bier auf den Tisch stellt, hatte Hein sich entschlossen, für die versammelte Mannschaft ein opulentes Frühstück auszugeben. Den Tag hatte er allerdings nicht ohne Bedacht gewählt.

»Ich schmeiß doch keine Perlen vor die Säue!«, lauteten seine Worte, als er in Abhängigkeit des Dienstplans ausschließlich Lieblingskollegen zu Tisch bat.

Und wahrlich – Hein hatte sich nicht lumpen lassen. Rührei à la Marlene Dietrich, Rostbratwürstchen, Lachs mit Orangen-Senf-Soße, Käse, Eichelmastschinken von glücklichen Hohenloher Schweinen, drei Sorten Brot, Joghurt, Fruchtsaft und nicht zuletzt alkoholfreier Champagner zeigten sich seiner würdig. Der Anlass gab schließlich Grund zur dezenten Dekadenz, denn Hein wurde ja nur einmal 55 Jahre alt. Die anwesenden Hungerleider gratulierten mit einem einstudierten und sich wiederholenden: »Huch, 'ne Schnapszahl!«

Die Leitstelle indes nahm leider keine Rücksicht auf Heins persönliche Befindlichkeiten und alarmierte das Kleinlöschfahrzeug, auf dem er und ich heute eingeteilt waren, zu einer Ölspur.

»Das KLF der Westwache zu einer Ölspur in die Reißdorfer Allee. Öllache vor Hausnummer 44«, tönte es wiederholt aus dem Wandlautsprecher.

Hein ließ sich nichts anmerken, als die Kollegen mit vollem Mund zum Abschied winkten, aber natürlich war er enttäuscht. Gern hätte er mit Leo, Lars, Mattias und den anderen gemeinsam diniert, doch so ist das im Blaulichtmilieu – wenn der Bürger ruft, lässt man die Gabel fallen und ist zur Stelle.

»Vielleicht ist ja später noch was vom Schinken übrig«, versuchte ich, Hein aufzumuntern, wohl wissend, dass bei unserer Rückkehr nur noch ein paar verschrumpelte Trauben auf der Käseplatte liegen würden, was mein Lieblingskollege mit einem trockenen »Sei bitte nicht albern!« weissagend kommentierte.

Während der Anfahrt zur besagten Einsatzstelle schwieg Hein. Nach langen Jahren gemeinsamen Dienstes kannte ich ihn gut genug, um zu wissen, dass jetzt nicht der Moment für belanglose Konversation war. So nutzte ich die Gelegenheit, um über das Universum der Ölspuren nachzudenken.

Sie sind schmierig. Mache sind kurz, andere lang, manche sind breit, andere schmal, wieder andere überfordern die Feuerwehr mit ihrem Ausmaß, dann braucht es die Straßenmeisterei oder spezialisierte Unternehmen. Wie dem auch sei – keine Ölspur ist gut für die Korallenriffe dieser Welt. Und auch wenn Hein und ich jetzt lieber am Frühstückstisch gesessen hätten, fehlte es uns nicht an professioneller Motivation, um der ausgelaufenen Betriebsstoffe, wie es im Feuerwehrjargon heißt, Herr zu werden.

Im Normalfall werden diese, egal ob Öl oder Benzin, abgestreut, das verunreinigte Bindemittel aufgenommen und geeigneter Entsorgung zugeführt. Falls sich der Verursacher ausmachen lässt, klären die Einsatzkräfte die Kostenübernahme, fertigen einen Einsatzbericht an, und die Sache ist erledigt. Zumeist also nichts Spektakuläres, aber dennoch sinnvoll, denn Öl und Benzin gehören einfach nicht in die Kanalisation. Was viele nicht wissen: Umweltschutz ist seit vielen Jahren ein wichtiger Aufgabenbereich der Feuerwehr.

Nach etwa sechs Minuten Anfahrt bog Hein in die Reißdorfer Allee ein. Wir richteten unsere Augen konzentriert auf die Straße, um die gemeldete Ölspur und deren Ausmaße auszumachen und festzustellen, ob sie durch den fließenden Verkehr weitere Ausbreitung fand.

Doch sosehr wir uns bemühten, wir entdeckten nicht die geringste Verunreinigung der Fahrbahn. Zweimal fuhren wir die Straße ohne Feststellung ab, bis Hein das Kleinlöschfahrzeug vor der angegebenen Hausnummer zum Halten brachte.

»Vielleicht hat irgendein Drecksack einen Ölwechsel auf dem Bürgersteig veranstaltet«, mutmaßte er, bevor er das Fahrzeug verließ, um die Umgebung in Augenschein zu nehmen. »Dem werd ich was!«

Ich folgte unauffällig.

Häuser aus dem frühen zwanzigsten Jahrhundert bildeten den eigentlichen Straßenzug. Davor, getrennt durch kniehohe Mauern samt schmiedeeisernen Zäunen, schmiegten sich kleine Vorgärten aneinander, an die ein durch Platanen zum Slalomkurs mutierter Fußweg anschloss. Hein und ich liefen umher, um das nähere Umfeld zu erkunden, erneut ohne Erfolg. Weit und breit war keine Öllache oder Ölspur feststellbar. Das Höchste der Gefühle stellte eine dünne handtuchgroße Pfütze dar.

»Die kann ja wohl nicht gemeint sein«, kommentierte ich die minimale Wasseransammlung, und Hein nickte wortlos.

»Umso besser. Jemand hat sich einen schlechten Scherz erlaubt, aber zumindest brauchen wir nicht zu kehren, und in zehn Minuten verputzt du dein erstes Brötchen mit Remoulade, Rostbratwürstchen und Rührei«, ergänzte ich, und jetzt lächelte Hein sogar.

Wir saßen bereits wieder im Fahrzeug und Hein war dabei, die Tür ins Schloss fallen zu lassen, als ein Mittdreißiger aus der 44 stürzte und auf uns zustürmte. Zu kurze graue Hosen, gehalten von schmalen Lederhosenträgern, ein schwarzer Vollbart und eine übergroße rote Brille, gekrönt von einer Wollmütze, verliehen dem Mann schon von Weitem ein extravagantes Erscheinungsbild.

»Hierbleiben, hierbleiben, ich habe Sie gerufen!«, rief er lauthals, während er die letzten Meter zu uns zurücklegte.

»Ach du Scheiße, ein waschechter Vorstadt-Hipster. Jetzt wirds spannend«, entfuhr es Hein, und er sollte recht behalten.

Weil an Flucht natürlich nicht zu denken war, verließen wir unser Fahrzeug wieder und traten dem sich als Notrufer bekennenden Mann entgegen.

»Schmitz-Müller mein Name«, begrüßte er mich per Handschlag, und ich dachte noch über den langweiligsten Doppelnamen der Welt nach, als Hein schon an der Reihe war. Im Gegensatz zu mir allerdings ließ mein Lieblingskollege im wahrsten Sinne des Wortes nicht locker – statt den höflichen Körperkontakt wie üblich schnell zu beenden, behielt er die Hand von Herrn Schmitz-Müller fest im Griff.

»Es ist gut, dass Sie uns gerufen haben – und wenn Sie uns jetzt noch erklären, warum wir hier sind, kommen wir sogar einen Schritt weiter«, sagte er, ohne seinen Griff zu lockern. Sichtlich irritiert versuchte Herr Schmitz-Müller, seine Hand zurückzuziehen, doch Hein hielt mit vielsagend fragendem Blick dagegen beziehungsweise fest.

»Na, das ist doch offensichtlich! Hier! Die Ölpfütze!« Herr Schmitz-Müller deutete mit der freien Hand altklug auf die Wasseransammlung, die das Wort »Pfütze« im Grunde gar nicht verdiente.

Hein hielt immer noch die fremde Hand in seiner, und langsam machte ich mir Sorgen, er könnte übergriffig werden, als er endlich losließ und ihm ein fassungsloses »Das meinen Sie nicht ernst, oder?« entfuhr. Ab jetzt war ich Zuschauer im Kino der 1960er-Jahre. Kennen Sie die wunderbaren Dialoge aus alten Louis-de-Funès-Filmen? »Nein!« »Doch!« »Nein!« »Doch!« »Nein!« »Oohhh!«

Hein: »Das ist eine Pfütze.«

Schmitz-Müller: »Eine Ölpfütze!«

Hein: »Eine Wasserpfütze!«

Schmitz-Müller: »Eine Ölpfütze!«

Hein: »Wo soll das Öl denn herkommen?«

Schmitz-Müller: »Wo soll das Wasser denn herkommen?«

An dieser Stelle sei bemerkt, dass die unterschiedlichen Standpunkte keinesfalls aufgegeben wurden und sich die Fronten zunehmend verhärteten. Zur Wahrheit gehört aber auch, dass besagte Pfütze so rein und klar war wie eine Bachquelle im Himalaja.

Hein: »Wie wäre es mit folgender Begründung: Hier stehen Bäume, von denen Raureif abtropft, da die Kronen morgens von der Sonne beschienen werden, während hier unten noch Schatten herrscht, sodass sich an diesem Punkt ein wenig Wasser sammelt. So weit logisch?«

Schmitz-Müller: »Wir wohnen hier seit zwei Jahren, und hier stand noch nie eine Pfütze!«

Hein ging in die Knie und durchstreifte mit dem Zeigefinger die Wasserlache. Er nahm seinen benässten Finger in Augenschein und zerrieb die Flüssigkeit zwischen Daumen und Zeigefinger, um anschließend sogar daran zu riechen.

»Wasser!«, konstatierte er.

»Öl«, gab Herr Schmitz-Müller nüchtern zurück.

In diesem Moment betrat leider, aber vielleicht auch zum Glück – wer weiß das schon im Nachhinein –, Schmitz-Müller junior, ungefähr zehn Jahre alt, die Bühne.

»Papa, warum machen die Männer von der Feuerwehr nichts? Oder sind die sonntags eh immer faul, so wie du gesagt hast?« Kindermund tut Wahrheit kund, und Hein atmete tief durch.

»Wasser! Und Ihnen ist hoffentlich klar, dass Sie sich vor Ihrem Sohnemann bis auf die Knochen blamieren!«, brummte er.

»Öl, mindestens Öl in einer Wasserpfütze!« Herr Schmitz-Müller verschränkte die Arme vor der Brust.

Weil ich ahnte, was als Nächstes passieren würde, lud ich Junior ein, ein Feuerwehrfahrzeug von innen zu besichtigen, was er begeistert annahm. Und während ich dem Heranwachsenden das Funkgerät, Schläuche, Strahlrohre und vieles Weitere erklärte, lief Hein draußen zur Hochform auf.

Zunächst schlug er, einem spielenden Kleinkind nicht unähnlich, mehrmals theatralisch mit der flachen Hand in die Wasserlache, bevor er aufstand und sich mit seinen 95 Kilogramm Lebendgewicht vor Herrn Schmitz-Müller aufbaute.

»Wollen Sie uns eigentlich verarschen?«, polterte er so leise wie möglich, aber trotzdem ungehalten, und hielt dabei seine nasse, tropfende Hand in die Höhe.

Die Replik des Anwohners war so unpassend wie anmaßend: »Ich bin Ingenieur!«

Hein ist ja bekanntlich nicht auf den Mund gefallen und parierte in seiner ihm angeborenen Eloquenz: »Ingenieur? In welchem Fachgebiet? Überraschungseier?« Und ehe Herr Schmitz-Müller Luft holen konnte, fuhr er messerscharf fort: »Dann betrachten wir das hier jetzt mal wissenschaftlich. Kein auffälliger Geruch, keine Schlierenbildung oder, wie Sie sagen würden, erkennbaren Interferenzfarben auf der Oberfläche. Darüber hinaus gibt es eine natürliche Erklärung, die für eine Wasserpfütze spricht. Jetzt sind Sie dran, Herr Ingenieur.«

In Erwartung eines verbalen Konters hielt Hein seine Hand nach wie vor wie ein Fanal in die Höhe und starrte Herrn Schmitz-Müller an. Der jedoch beschränkte sich auf ein fast hilfloses: »Öl. Kevin-Lucas, komm her. Wir gehen ins Haus.«

In der Zwischenzeit hatte ich mich mit S.-M. junior fast angefreundet. Er winkte zum Abschied, und als er seinen Vater erreichte, fielen kaum hörbar die folgenden Worte: »Papa, warum hast du die Feuerwehrmänner angelogen? Hier steht doch ständig eine Pfütze.«

Herr Schmitz-Müller blieb seinem Sohnemann die Antwort schuldig. Dafür konnte sich Hein das letzte Wort nicht verkneifen: »Falls Sie noch Fragen haben, wenden Sie sich bitte an die ›Sendung mit der Maus‹ oder den Mineralölhändler Ihres Vertrauens oder ...«

»Ist gut jetzt, Hein. Nicht vor dem Jungen. Die Schmitz-Müllers rufen sonst nicht mal mehr die 112 an, wenn heute Nacht das Haus im Vollbrand steht«, unterbrach ich beschwichtigend, um dem Ganzen ein Ende zu setzen.

»Du hast recht, fahren wir nach Hause.« Hein klang niedergeschlagen, als er ins Fahrzeug kletterte. »Der Junge tut mir eh leid. Jedes Mal, wenn er später im Leben mit vollem Namen unterschreiben muss, wird er Vater und Mutter verfluchen.« Während er sich angurtete, stimmte mein Lieblingskollege ein uraltes Lied von Mike Krüger an: »Das mit der Ölkrise – das ist mir ganz gleich, ich kauf mir 'nen Bohrer, und dann werde ich Scheich …«

Nachdem Hein den Refrain gefühlt achtzig Mal wiederholt hatte, verfiel er zunächst in Schweigen, nur um kurz vor der Wache umso heftiger auszubrechen. Er hatte quasi gedanklich Anlauf genommen. »Was stimmt eigentlich nicht mehr mit den Menschen? Sind wir nur noch von Hilflosen umgeben? Ich bin ja gern bereit zu helfen, und ich habe auch Verständnis, wenn sich Notrufe hier und da als unnötig erweisen, aber so einen Schrott braucht kein Mensch. Hohoho, ich bin Ingenieur – aber früher im Sachkundeunterricht am Fenster gesessen, oder was? Von hundert Einsätzen sind höchstens noch dreißig relevant. Gott sei Dank leben wir in halbwegs friedlichen Zeiten, ansonsten würde uns Holland mit der Freiwilligen Feuerwehr überrennen. Weißt du was? Ich bin müde! Ich bin wirklich, wirklich müde.«

Nach über zwanzig Jahren gemeinsamer Einsätze, und beileibe nicht immer nur harmlose, machte ich mir zum ersten Mal Sorgen um Hein. Seine seelischen Schutzmechanismen schienen nachzulassen, und ich beschloss, mich ab heute besser um ihn zu kümmern.

Als wir die Wache betraten, waren vom Frühstücksbuffet erwartungsgemäß nur noch klägliche Reste übrig, doch das machte nichts. Für solche Fälle hatte ich in meinem Spind eine eiserne Reserve gebunkert, die wir brüderlich teilten: Sardinen in Öl.

Zahnfee mit Blaulicht

Der Aufenthaltsraum der Wache war eiskalt. Offensichtlich hatte in der Nachtschicht ein Frischluftfanatiker Dienst geschoben. Zwar ballerten alle Heizkörper im Raum auf höchster Stufe, zum Ausgleich standen jedoch alle Fenster sperrangelweit offen. Hein spekulierte fröstelnd über den Zusammenhang zwischen Klimawandel und dem Energieverbrauch von Feuer- und Rettungswachen, während ich Kaffee kochte.

»Wenn Greta Thunberg das mitkriegt, sind wir dran!«, meinte er, bevor er das letzte Fenster schloss, das Thermostat regulierte und sich zu mir an den Tisch setzte.

Wir waren heute unter uns, denn wir besetzten einen Rettungswagen auf einer sogenannten Satellitenwache, in Fachkreisen auch gern als »Dornröschenwache« bezeichnet.

Diese Standorte haben in der Regel eine wesentlich niedrigere Einsatzfrequenz als normale und existieren eigentlich nur, um auch in abgelegenen, meist ländlichen Stadtteilen die Hilfsfrist einzuhalten, also an jedem Ort der Stadt dem Bürger im Notfall innerhalb von maximal acht Minuten zur Verfügung zu stehen.

»Heiß, heiß ...«, fluchte Hein, der sich in diesem Moment den Mund-Rachen-Raum verbrühte.

»Sorry, ist keine lauwarme Plörre aus der Pumpkanne, sondern handgemachte Barista-Qualität!« Ich konnte nicht anders, als hämisch zu grinsen. »Und wie gehts sonst so?«

Hein schmatze mehrmals, um den Grad der Verbrühung abzuschätzen, bevor er antwortete: »Wir sind hier im Blumenviertel, also im gelobten Land dieser Stadt. Es ist schon wieder Sonntag, und das Ende des Monats liegt in Sichtweite. Folglich haben die Menschen kein Geld mehr, um sich bereits tagsüber öffentlich zu betrinken, sodass es ein ruhiger Dienst werden könnte. Außerdem sitzen wir auf einem Rettungswagen, müssen also nicht mit sinnbefreiten Ölspuren rechnen. Um deine Frage zu beantworten: Es geht gut, könnte sogar nicht besser sein, wenn ich mir vor wenigen Augenblicken nicht die komplette Schnauze verbrannt hätte.« Ein vorwurfsvoller Blick in meine Richtung.

»Verbrüht«, gab ich altklug zurück, aber Hein wollte sich nicht an Wortklaubereien beteiligen, sondern kramte die Tageszeitung hervor, um sich den Schlagzeilen des Lokalteils hinzugeben.

Unser heutiger Dienst würde zwölf Stunden dauern, und nach der ersten Zeitung beziehungsweise Tasse Kaffee stand die tägliche Fahrzeugüberprüfung an. Eine gute Stunde später waren alle notwendigen Arbeiten und Formalitäten erledigt, also machten Hein und ich es uns auf einer alten, leicht siffigen schwarzen Ledercouch gemütlich. Vom Interieur auf Satellitenwachen darf man nicht allzu viel erwarten, aber im Laufe der Zeit lernt man Bescheidenheit. Außerdem war Luxus in diesem Augenblick nicht wichtig.

Ich hatte mir vorgenommen, mich besser um Hein zu kümmern, und jetzt und hier – quasi unter vier Augen – bot sich die ideale Gelegenheit, um ein klärendes Gespräch vom Zaun zu brechen.

»Was ich dich noch fragen wollte, Hein«, leitete ich das Thema ein. »Du hast es ja mehr oder weniger schon selbst angesprochen. Die Ölspur von letzter Woche – für einen Moment hatte ich das Gefühl, na ja, wie soll ich sagen, beinahe wärst du übergriffig geworden. Ich mache mir so meine Gedanken oder, besser gesagt, Sorgen. Früher hättest du über solche Einsätze, wenn überhaupt, gelacht. Gehts dir wirklich gut? Oder müssen wir reden?«

Hein schaute mich durchdringend an, atmete mehrmals tief ein und aus, dann setzte er zu einer Antwort an. »Mein Freund, du bist der Erste, der mich das fragt ...« Bevor er fortfahren konnte, alarmierte uns der Funkmeldeempfänger zu einem internistischen Notfall in den Chrysanthemenweg 112, und Hein erhob sich mit einem tiefen Seufzen.

Als Autor finde ich nichts schwieriger, als Geräusche zu beschreiben. Das Knarren einer Eichendiele oder das Ticken einer Uhr mögen ja mit »knarrrzzzz« und »ticktack« noch phonetisch passend beschrieben sein, was ist jedoch mit dem Erbrechen eines durchaus kräftigen Mittvierzigers, der den Bass aus den tiefsten Tiefen der Magengrube erschallen lässt? Ist das eher ein »wourrggghhhh« oder mehr ein »bröööhhhh«? Man weiß es nicht, und womöglich gibt es außerdem geschlechtliche und/oder regionale Unterschiede, man sollte mal eine Studie ...

Lassen wir das.

Herr Schumacher, den wir sechs Minuten später kennenlernten, interessierte sich nämlich nicht die Bohne dafür, ob Hauke aus Flensburg beim Kotzen anders klingt als Cindy aus Passau. Herrn Schumachers Aufmerksamkeit galt ausschließlich einem blauen Zehn-Liter-Eimer aus Plastik, den er, auf dem Boden kauernd, eng umschlungen festhielt, während er seinen Kopf zur Hälfte darin versenkte. Der Eimer wirkte ähnlich wie ein Subwoofer; sobald sich unser Patient das nächste

Mal übergab, dröhnte es dumpf, und um ehrlich zu sein, übergab sich Herr Schumacher ohne Unterlass, weshalb Heins Befragung zunächst wenig fruchtbar war.

Wo die Eigenanamnese versagt, verlegt sich der kluge Notfallsanitäter auf die Fremdanamnese, sodass wir uns der Gattin zuwandten, um mehr über die Gesamtlage in Erfahrung zu bringen.

»Warum Sie hier sind, hören Sie ja«, antwortete die Blondine, die durchaus ein wenig an die Monroe erinnerte, mit einem Wink ihrer wohlmanikürten Hand in Richtung ihres Mannes. »Fragen Sie mich nicht nach der Ursache. Am Essen kann es nicht liegen, ich koche nicht!« Sie seufzte. »Es ist wie drangeschmissen! Vor einer Stunde war die Welt noch in Ordnung.«

Während Hein weitere Fragen stellte, verkabelte ich unseren Patienten. Nach Blutdruckmessung, Sauerstoffsättigung und EKG ermittelte ich die Körpertemperatur und den Blutzuckerspiegel, und zu guter Letzt leuchtete ich in Herrn Schumachers Pupillen, wobei mich eine gewisse Sorge begleitete, selbst mit Auswurf kontaminiert zu werden. Aber Herr Schumacher riss sich einen Moment lang zusammen, und mangels Masse wäre wohl auch keine ausreichende Wurfweite mehr zu erwarten gewesen. Eigentlich musste man inzwischen nicht mehr von Erbrechen, sondern von kontinuierlichem Würgen sprechen.

»Vorerkrankungen? Nein! Der Mann ist kerngesund. Der weiß zwar nicht, was er tut, aber er hat Ausdauer. Ich habe mir doch nicht umsonst einen jüngeren Kerl angeschafft. Entschuldigung.« Die Blondine schenkte uns ein zweideutiges Lächeln, das Hein kommentarlos und ich mit dem Hochziehen einer Augenbraue hinnahm. »Kein Herzinfarkt, kein Schlaganfall, kein nennenswerter Unfall, und auch sonst nichts, wonach

Sie gefragt haben. Vor einer Stunde wurde ihm erst schwindlig und dann ging das Gewürge los. Schon ein wenig unschön.« Sie bedachte ihren Mann mit einem Stirnrunzeln, bevor sie hinzufügte: »Eben hat er sogar nach dem lieben Gott gerufen, das macht er sonst nur in anderen Zusammenhängen.«

Herr Schumacher nahm die Einlassungen seiner Frau indes zum Anlass, den Kopf erst mal ganz in den Eimer zu stecken und besonders kraftvoll zu würgen – zwar erneut nicht sonderlich produktiv, aber dafür besonders laut.

»Hein«, wandte ich mich an meinen Kollegen. »Schau mal in die Augen. Die zucken links,rechts, hin und her – ein Nystagmus vom Allerfeinsten!«

Hein prüfte meine Aussage und nickte.

»Haben Sie Stress? Oder waren Sie in den letzten Monaten erkältet, beziehungsweise hatten Sie einen Infekt?«, fragte er Herrn Schumacher.

»Beides!«, kam es aus dem Eimer.

Hein und ich hielten medizinischen Kriegsrat, und nach kurzem Austausch fasste ich zusammen: »Unser Patient kotzt sich aus subjektiv empfundener, völliger Gesundheit die Seele aus dem Leib. Kreislauf ist stabil, er ist zeitlich, örtlich und zur Person orientiert, außer dem vertikalen Nystagmus zeigt er keine neurologischen Auffälligkeiten. Blutzucker gut, Temperatur normal. Kein Trauma, keine bekannten Vorerkrankungen. Abgesehen von Infekt und Stress. Daher Verdachtsdiagnose: vestibuläre Störung. Innenohr und Gleichgewichtsorgan sind gezankt, was das dauerhafte Erbrechen erklärt. Vorstellung in HNO und weiterführend gegebenenfalls Neurologie empfehlenswert.«

Hein ergänzte die Diagnostik, indem er Herrn Schumacher bat, bei geschlossenen Augen mit dem Zeigefinger beider

Hände die Nasenspitze zu berühren, und konstatierte nach gelungener Durchführung: »Nichts hinzuzufügen!«, sodass wir mit Vorbereitungen für den Transport begannen.

Während der Fahrt tauschte unser Patient seinen blauen Eimer gegen einen professionellen Brechbeutel, und zwanzig Minuten später waren die Übergabe an die Hals-Nasen-Ohren-Abteilung und die Wiederherstellung der Einsatzbereitschaft erledigt.

Der Rest des Tages verlief quirlig. Von einem ruhigen Sonntag konnte beileibe keine Rede sein; im Verlauf der Schicht ereilten uns weitere acht Einsätze, die sich alle im Spektrum von »Ich habe seit drei Wochen so ein fieses Ziehen in der Schulter« bis hin zu »Wenn ich zwei Stunden auf dem Laufband unterwegs bin, dann bubbert mein Herz so komisch« abspielten. Fünf der insgesamt neun Patienten transportierten wir mit gutem Willen in verschiedene Krankenhäuser, wobei uns, auch das sei erwähnt, niemand des aufnehmenden Personals zu unserer Leistung gratulierte.

Keine zehn Minuten vor Schichtende sprach uns der Leitstellendisponent erneut über Funk an: »RTW 3-1, einsatzbereit?«

»Natürlich, und das weißt du auch!«, antwortete ich in einem Tonfall, der zwischen Motivation und Resignation changierte. Hein seufzte nur.

»Das ist gut. In der Steinstraße 12 hat jemand Zahnschmerzen, auf den Namen Wurzel, kein Scheiß – habe es geprüft, schaut euch die Sache mal an.«

Auf der Fahrt zum Einsatzort riss Hein die Hutschnur.

»Zahnschmerzen? Ich glaube, es hackt! Demnächst fahren wir zu Fußpilz und Neurodermitis!« Schnaubend kramte er das Mobiltelefon des Rettungswagens aus dem Handschuhfach, weil Diskussionen über Funk, wo jeder Kollege mithört, wenig sinnvoll sind. Er wählte die interne Nummer der Leitstelle, um direkt mit dem zuständigen Disponenten zu sprechen. Kaum hatte der abgehoben, brach es aus Hein heraus: »Junge, gehts noch? Du schickst uns doch nicht ernsthaft zu einer rausgefallenen Plombe?«

Jäh wurde er unterbrochen: »Ich bin die Leitstelle – und ich schicke dich, wohin ich will! Ich kriege den Kerl seit zwei Stunden nicht aus der Leitung, und ich weiß selbst, wie es sich anhört. Hinfahren, angucken, entscheiden – *dein* Job! Und jetzt texte mich nicht länger zu!«

Mit einem Knurren warf Hein das Telefon zurück ins Handschuhfach, als ich den RTW an besagter Adresse zum Halten brachte. Hein stieg kopfschüttelnd aus, und kurze Zeit später betraten wir die Wohnung des Herrn Wurzel.

Einrichtungsstile gibt es ja viele. Eiche rustikal, modern in Glas und Stahl oder auch überladen oder karg. Herr Wurzel jedoch, geschätzte fünfundzwanzig bis dreißig Jahre alt, hatte sich offensichtlich für Horror entschieden. Die gesamte Wohnung war mit entsprechenden Filmplakaten tapeziert. In der Diele grinste uns der Clown aus *Es* entgegen, der sich in adäquater Nachbarschaft von Jigsaw befand. Die restliche Deko bestand aus Schwertern, Totenköpfen und Kunststoffdrachen. Entsprechend rechneten wir damit, sogleich dem Sohn von Chucky, der Mörderpuppe oder Sauron persönlich zu begegnen – doch weit gefehlt.

Uns begrüßte ein blasser, schmächtiger junger Mann, den ich eher in einem Familienfilm verortet hätte, in *Die Schöne und das Biest* zum Beispiel, wobei die Interpretation durchaus auf Letzteres gelegt werden darf, von den fehlenden Hörnern mal abgesehen.

»Ach du heilige Sch..., was ist denn mit Ihnen passiert?«, entfuhr es Hein, als er unseren Patienten im Wohnzimmer bei etwas besserem Licht in Gänze wahrnehmen konnte.

Die linke Gesichtshälfte des Herren war bis zum Hals dick geschwollen, und selbst wenn Herr Wurzel gewollt hätte, er hätte sein linkes Auge nicht öffnen können. Die eigentlich symmetrischen Proportionen waren komplett verschoben, und auf der betroffenen Seite spannte sich pralle, gerötete Haut.

»Bachenzfan afgkreboken!«, brachte unser Patient mühsam hervor, und mich durchfuhr tiefes Mitgefühl.

»Wann ist das passiert?«, fragte ich in dem Wissen, das der lateinisch als *Dens* bezeichnete Körperteil nicht erst heute Vormittag die Mundhöhle verlassen haben konnte.

Herr Wurzel: »Vohr drreih Wocken.«

Ich: »Das meinen Sie nicht ernst, oder?«

Hein: »Auuaaahhhh.«

Ich: »Waren Sie beim Zahnarzt?«

Herr Wurzel kopfschüttelnd: »Neeh – Ahngsft vor Zfanarzzt!«

Ich: »Nicht wirklich, oder?

Herr Wurzel: »Dochf!«

Hein: »Sie sehen zwar schlimm aus, und Sie brauchen auch sicherlich Hilfe, aber Sie wissen schon, wer wir sind, oder? Wir sind der Rettungsdienst! Verkehrsunfall, Amputationsverletzungen, Herzinfarkt und so weiter. Von Parodontose und Karies haben wir keine Ahnung. Ganz abgesehen davon, dass Aronal und Elmex keine Notfallmedikamente sind!« Hein sprach ruhig, doch glaubte ich, eine gewisse Anspannung in ihm zu spüren. »Also, wie sollen wir Ihnen helfen?«

»Nift zuum Zfanarzzt!«, antwortet Herr Wurzel inständig.

»Ja, aber was dann?«, hakte ich nach. »Ungeachtet der Frage, ob wir einen Zahnarzt finden, der sich am frühen Sonntagabend solchen Dimensionen hingibt.« Die Schwellung von Herrn Wurzels Gesicht war tatsächlich beeindruckend, und ein in diesem Moment aufgenommenes Selbstporträt, im Flur neben Pennywise und Jigsaw aufgehängt, hätte die beiden Filmgestalten blass aussehen lassen.

»If dachfte, Sfie könnten mal einen Blick darauf werfen«, gab Herr Wurzel zurück und starrte uns hoffnungsvoll an.

Hein versuchte es humoristisch: »Kennen Sie den blöden Spruch: Ich bin zwar kein Gynäkologe, aber ich kann es mir ja mal ansehen ...?«

Unser Patient nickte gequält.

»Entspricht irgendwie Ihrer Erwartungshaltung uns gegenüber, ist allerdings leider so wenig sinnvoll wie zielführend«, erklärte mein Lieblingskollege. »An einem Zahnarzt werden Sie nicht vorbeikommen.«

»Nift zuum Zfanarzzt!«, stieß Herr Wurzel aus und begann zu wimmern.

Über Alternativen nachdenkend, spielte mir meine Fantasie einen kleinen Streich. Vor meinem geistigen Auge tranken Hein und unser Patient gemeinsam eine Literflasche Wodka. Dann beugte sich mein Kollege über das geschwollene Gesicht beziehungsweise den schief geöffneten Mund und ließ eine haushaltsübliche Wasserpumpenzange darin verschwinden. Dann schrien beide – der Patient vor Schmerzen und Hein, der Tupfer, Tupfer, mehr Tupfer wollte.

Parallel zu diesen Gedanken hatte ich aber auch noch einen vernünftigen Plan entwickelt: »Herr Wurzel ...«

»Nennen Sfie mif ruhig Sfephan«, unterbrach mich der von Schmerzen Gebeutelte.

»Sfephan, äh, Stephan, das alles hier ist wenig sinnvoll, und weder können wir Ihnen adäquat helfen noch Sie in diesem Zustand hierlassen. Ich bezweifle sogar, dass Ihnen ein gewöhnlicher Zahnarzt helfen kann. Sie haben eine fette Entzündung, Ihr halber Kopf ist geschwollen und Sie sind ein Fall für die Zahnklinik. Ich will Ihnen keine Angst machen, aber eine Blutvergiftung ist kein Spaß. Sie müssen in Behandlung – und zwar schnell.«

Ich musterte Herrn Wurzel eindringlich, und Hein sprang mir mit einem anderen Weg der Argumentation bei: »Sehen Sie es mal so: Manchmal braucht das Kind ja nur einen anderen Namen. Wir bringen Sie nicht zum Zahnarzt, sondern zum Kieferchirurgen. Außerdem, wenn ich Ihnen einen persönlichen Tipp geben darf: Konsumieren Sie in Zukunft weniger Horrorfilme – ist besser fürs Gemüt.«

Insgesamt redeten wir über eine Stunde auf unseren Patienten ein, bis Stephan Wurzel sich endlich bereit erklärte, uns in eine geeignete Klinik zu begleiten. Vielleicht hatte Heins emotionaler Ausbruch »Wir sind doch nicht die Zahnfee, Herrgottnocheins!« den Ausschlag gegeben, jedenfalls waren nach telefonischer Anmeldung Transport und Übergabe schnell erledigt, und Hein und ich machten uns auf den Weg zur Ablösung.

Ein paar dämliche Sprüche der Kollegen später, »Ihr könnt gern auch noch die ganze Nachtschicht dranhängen« und »Ja, wenn es schön ist, dann findet man kein Ende«, war auch schon Feierabend. Allerdings wollte ich Hein nicht so ohne Weiteres in die Freizeit entlassen, ein Gespräch stand an, und was ich am Morgen begonnen hatte, wollte ich auch beenden.

»Was hältst du von einem schnellen Bierchen?«, fragte ich also beiläufig, woraufhin Hein mich eindringlich musterte.

»Komme ich drum herum?«, fragte er leicht sarkastisch zurück.

Ich schüttelte den Kopf, und wenig später stießen wir gemeinsam an.

»Alles gut bei dir? Also, so auf Gefühlsebene?«, begann ich, nachdem wir beide den ersten Schaum geschlürft hatten. Für gewöhnlich herrschte ein erheblich rauerer Ton zwischen uns, doch ich ahnte, dass hier Einfühlungsvermögen gefragt war. Und tatsächlich hatte es lediglich diese eine Frage gebraucht, um Hein einen ganzen Monolog zu entlocken.

»Ich kann deine Frage nicht beantworten«, brummte er. »Ich habe gute Tage und ich habe schlechte Tage. Ich weiß, das geht allen Menschen so, aber von mir kenne ich das so nicht. Vielleicht Nachwehen der Midlife-Crisis, keine Ahnung.« Er zuckte die Achseln und genehmigte sich einen weiteren Schluck Bier. »Jedenfalls wird meine Haut irgendwie dünner, und ich habe das Gefühl, aus der Zeit zu fallen. Früher hieß Rettungsdienst mal Unfallrettung – und aus dieser Zeit stamme ich. Keine Frage – präklinische Versorgung von Herzinfarkten und Schlaganfällen ist bis heute sinnvoll. Aber auf den restlichen ... ach, ich höre lieber auf, sonst verbrenne ich mir schon wieder die Schnauze.« Er seufzte tief und mit einer Schwere, die mir trotz all der gemeinsamen Jahre zum ersten Mal begegnete. »Die Zipperlein der Gesellschaft machen mich müde. Ich bin jetzt dreißig Jahre im Geschäft ...« Erneutes Seufzen. »... vielleicht bin ich einfach durch.«

Ich schwieg, musste diese Offenbarung erst einmal sortieren und meine nächsten Worte abwägen, als Hein bereits fortfuhr:

»Schau dir mal die heutigen Einsätze an! Wir haben den Notfallrucksack gerade mal zum Fiebermessen aufgemacht, und von zehn Einsätzen war lediglich bei der Hälfte der Transport sinnvoll, und selbst darüber kann man streiten. Unsere Glanzleistung des Tages besteht darin, einen Brechbeutel zu überreichen und einen Menschen mit Angststörung zahnmedizinischer Versorgung zuzuführen, was bei einem funktionierenden sozialen Umfeld vermutlich auch nicht nötig gewesen wäre. An die meisten unserer heutigen Patienten kann ich mich nicht einmal erinnern, und die Einsätze sind nur wenige Stunden her.« Hein, der sich in Fahrt geredet und während der letzten Sätze beharrlich mit dem Zeigefinger zwischen uns auf die Tischplatte getippt hatte, hob den Kopf und blickte mir ins Gesicht. »Du machst dir Sorgen um mich? Hör damit auf, die mache ich mir schon selbst! Danke für das Bier und dass du gefragt hast.«

Mit diesen Worten ließ Hein mich sitzen. Er stand auf, nahm seine Jacke und verließ die Kneipe. Sein Glas stand nicht mal halb geleert vor mir. Spätestens jetzt hatte ich Gründe, mir ernsthafte Sorgen zu machen.

Weil nicht sein kann, was nicht sein darf

Da saß ich nun mit meinem eigenen halb vollen Glas Bier – wie bestellt und nicht abgeholt. Ganz so leicht würde Hein mich allerdings nicht loswerden. Einfach aufzustehen und abzuhauen war zwar nicht die feine englische Art, aber um meinem Lieblingskollegen wirklich böse zu sein, reichte es auch nicht. Dafür mochte ich Hein viel zu sehr. Obwohl wir hier und da unterschiedliche Herangehensweisen bevorzugten, wenn es um Schwierigkeiten oder Probleme ging, sahen wir im Kern die meisten Dinge ähnlich. Man könnte auch sagen: Wir waren Brüder im Geiste.

Außerdem hatte ich Hein viel zu verdanken. Er hatte mich sozusagen entjungfert, als ich vor über zwanzig Jahren an seiner Seite meine allererste Schicht im Rettungsdienst überlebte. Er war es, der mir in Sachen Blaulicht das Laufen beigebracht und mir gezeigt hatte, wo sich die Fallgruben versteckten und wo die Fettnäpfchen standen, und nicht zuletzt hatte er mehr als einmal rechtzeitig die Handbremse gezogen beziehungsweise nach gebauter Scheiße die schützende Hand über mich gehalten. Ich war es ihm schuldig, jetzt, da er offensichtlich Hilfe brauchte, genauso für ihn einzustehen.

Ich nippte an meinem Bier. Einfach würde das nicht werden, dafür war Hein aus zu grobem Holz geschnitzt. Bester Beweis dafür war die Tatsache, dass ich jetzt allein in der Kneipe saß und inzwischen mitleidige Blicke anderer Gäste erntete, während ich über seine Probleme nachgrübelte.

Je länger ich in mein Glas starrte und über Heins Worte nachdachte, desto mehr stellte ich fest, dass seine Probleme auch meine waren, nur in einem anderen Stadium. Ich empfand durchaus ein gewisses Verständnis für Heins dienstliche Frustration. Ertappte ich mich doch selbst regelmäßig bei einer gewissen Abstumpfung und Verrohung in bestimmten Einsatzsituationen. Nach dem gefühlt fünfhundertsten Brustschmerz ist die Spannung halt irgendwann raus. Dabei hat Routine im Einsatz durchaus Vor- und Nachteile, doch spätestens, wenn gesunder Menschenverstand eine Situation genauso gut gelöst hätte wie das mit Tatütata angerückte Team, stellt man den Notruf nachts um drei Uhr infrage. Übermäßige Blähungen sind halt kein Grund, den Rettungsdienst zu alarmieren, ganz egal, wie dramatisch man die Flatulenzen der Leitstelle beschreibt.

Mit den Kollegen am Telefon möchte ich übrigens niemals tauschen. Sie verdienen den höchsten Respekt, weil sie ständig genötigt sind, den mangelhaften Erfahrungshorizont vieler Menschen in Relation zu tatsächlichem Handlungsbedarf zu bringen.

Und dennoch – es bleibt beim Grundsatz: lieber einmal zu viel als einmal zu wenig. Darüber lässt sich nicht streiten.

Gleichwohl wuchs Hein momentan offensichtlich einiges über den Kopf, und das war nichts, das sich einfach ignorieren ließ. Ich überlegte, worin der Unterschied zwischen ihm und mir bestand, von einigen Dienstjahren mehr mal abgesehen, und kam zu dem Schluss, dass ich im Gegensatz zu ihm über einen gesunden privaten Ausgleich verfügte, der mich ablenkte und mich den ganzen Mist, den eine Schicht mit sich gebracht haben mochte, vergessen ließ. Hein jedoch lebte allein und definierte sich fast ausschließlich über den Beruf.

Ich leerte mein Bier und erhob mich. Das war doch ein Hebel, den ich ansetzen konnte, um meinem Kollegen und Freund zu helfen.

★

Drei Tage später im Aufenthaltsraum der Wache. Hein blätterte in einer zerfledderten Tageszeitung. Mit einer Tasse Kaffee in der Hand setzte ich mich zu ihm.

»Hein, ich mache mir Gedanken. Ich meine, ich kann verstehen, dass dich viele Dinge ankotzen – trotzdem sollten wir darüber reden. Vielleicht hilft es dir ja. Und heute kannst du nicht einfach aufstehen und gehen. Also, schieß los, was belastet dich wirklich?«, fragte ich.

Er blätterte eine Seite um und brummte: »Kommunikation wird überbewertet. Ich kann mich gut an eine Fahrt in den Urlaub mit einer Ex-Freundin erinnern. Zwölf Stunden, und wir haben nicht gestritten. Warum? Weil wir kaum gesprochen haben!«, antwortete Hein süffisant.

»Hein, ich meine es ernst«, gab ich zurück, was ihn dazu veranlasste, lang anhaltend zu stöhnen.

Eine nicht enden wollende wortlose Minute verging, bis mein Lieblingskollege ins Leere blickend antwortete: »Du kennst den Begriff der Resilienz?« Ohne eine Erwiderung abzuwarten, fuhr er fort: »Eine von vielen Definitionen sagt, dass es sich dabei um die psychische Widerstandskraft beziehungsweise Fähigkeit handelt, schwierige Lebenssituationen ohne anhaltende Beeinträchtigung zu überstehen. Anders gesagt: Mit gesundem Menschenverstand und ein wenig Lebenserfahrung lässt sich fast allem Herr werden. Gibt es in der Grundschule eigentlich noch Sachkundeunterricht?«

Ich zuckte mit den Schultern. »Wieso?«

»Ich habe damals noch gelernt, ohne Streichhölzer Feuer zu machen. Heute kann jeder verdammte Zehnjährige eine App programmieren – was ist sinnvoller? Wenn das Internet ausfällt, liegt die Welt spätestens nach drei Stunden auf dem Bauch. Vom Stromausfall über drei Tage ganz zu schweigen. Da stimmt was nicht mit der Menschheit.« Hein knüllte die Zeitung zusammen und sah mich endlich an. »Vor zehn Jahren hätte ich gesagt, siebzig Prozent der Einsätze sind notwendig und relevant – heute ist das Verhältnis genau umgekehrt!«

Ich wollte zu einer Erwiderung ansetzen, ohne genau zu wissen, wie sie aussehen sollte, doch Hein ließ mich ohnehin nicht zu Wort kommen. Wie schon beim Bier kam es mir vor, als hätte ich ein Steinchen losgetreten, und nun war ein ganzer Damm gebrochen.

»Ich frage dich: Was ist in der Zwischenzeit passiert?« Hein fixierte mich regelrecht mit seinem Blick, wartete jedoch auch dieses Mal keine Antwort ab. »Ich weiß es nicht. Aber was ich weiß und alltäglich erfahre, ist die Tatsache, dass die Menschen nicht mehr in der Lage sind, sich selbst zu helfen. Es sind keine Notfälle mehr, die unseren Alltag prägen, sondern Anspruchsdenken und Hilflosigkeit. Denk nur mal an den feinen Herrn vor ein paar Wochen, der Typ, der nach dem Wasserschaden im Keller und dem notwendigen Abpumpen wie selbstverständlich erwartet hat, dass wir auch noch seinen Boden wischen. Oder die Privatpatientin im Rettungsdiensteinsatz, die darauf beharrte, ausschließlich zu ›Professor Dickehose‹ gefahren zu werden. Ich will es nicht mehr! Ich hab es satt! Wirklich. Bitte ohne mich. Ich bin furchtbar müde!«

Erneut ertappte ich mich dabei, dass Heins Gedanken mir nicht fremd waren. Allerdings half das kaum weiter und war eher ein diabolischer Blick in meine eigene Zukunft. Ich schob den Gedanken beiseite, und weil Hein inzwischen schwieg, sagte ich trotz gewisser Selbstzweifel an meinen therapeutischen Fähigkeiten: »Hein! Du brauchst einen Ausgleich zum Beruf. Warum lässt du dich nicht mal wieder auf eine Beziehung zu einem anderen Menschen ein?«

Er rümpfte die Nase und zog ein Gesicht. »Dein Ernst?«

»Okay – viel verlangt, aber kümmere dich doch wenigstens wieder mehr um dich selbst. Was ist mit deinen Hobbys? Früher hast du mal nebenbei studiert, hast mit dem Bogenschießen angefangen, das hat dir doch gutgetan.« Ich knallte den Kaffeebecher auf den Tisch, weil er den Blick abwandte und erneut begann, ins Leere zu starren. »Wenn du mich fragst, brauchst du einen Ausgleich zum Job. Besorg dir von mir aus eine Katze! Du kennst nur noch Dienst, Dienst, Dienst und bist dabei auch noch unzufrieden.«

Hein hörte zu, glaubte ich, schaute aber immer noch ziellos in die Gegend.

»Was hältst du davon, wenn wir beide mehr gemeinsam unternehmen, ich meine privat, dabei kann man sich dann auch austauschen, wenn dienstliche Dinge belasten. Wir waren doch schon mal segeln, Wassersport liegt uns scheinbar. Wie wäre es mit einer Wiederholung?«

»Segeln? Damit bin ich durch!« Etwas Herausforderndes lag in seinem Blick, als sich Hein endlich wieder zu mir wandte. »Aber wenn du schon meine alten Hobbys ansprichst – ich war ewig nicht mehr unter Wasser. Hast du eigentlich einen Tauchschein?« Ein überhebliches Grinsen huschte über sein Gesicht.

Ich grinste zurück. Und nickte. Hein schloss seufzend die Augen. Mit Daumen und Zeigefinger massierte er seine Nasenwurzel, um sich schließlich zu einer Antwort durchzuringen: »Nur in warmem Wasser mit bunten Fischen! Keine Baggerlöcher! Und ich habe noch nicht ›ja‹ gesagt – ich denke nur darüber nach.«

Gerade wollte ich meiner Freude über den kleinen Teilerfolg Ausdruck verleihen, als ein Alarm unsere Unterhaltung unterbrach: »Person vermisst. Tür öffnen. Ankerstraße 37 im vierten Obergeschoss, auf den Namen Mehner. Einsatz für Löschfahrzeug, Drehleiter und RTW 3-1. Polizei rollt auch«, tönte es aus dem Wandlautsprecher.

Hein verdrehte sofort die Augen und ein leidendes »Och nö« verließ ihn, während wir zur Drehleiter eilten, die wir heute gemeinsam mit einem weiteren Kollegen besetzten. Hinter uns schlossen sich die Hallentore, und die Fahrzeuge bogen in den Straßenverlauf ein, als Hein ohne Nachfrage erklärte, warum er dem Einsatz jetzt schon ablehnend gegenüberstand.

»Das kann nur speziell werden. Ich war da ungelogen schon über zwanzig Mal mit dem Rettungswagen. Der Kerl ist ein Verschwörungstheoretiker vom Allerfeinsten und hält regelmäßig uns, die Nachbarn, die Polizei und seine Therapeuten auf Trab. Chemtrails bedrohen die Welt, ebenso die Bilderberger, 9/11 war ein Fake, der Vatikan ist im Besitz einer Zeitmaschine, Greta hat Corona in die Welt gebracht, um den CO_2-Ausstoß zu minimieren, und so weiter … Nach endlosen Diskussionen lässt er sich meist überreden, seinen behandelnden Arzt aufzusuchen. Leider macht er so gut wie nie freiwillig die Tür auf – na ja, hoffen wir das Beste …«

Heins Schilderung entspannte mich. Offensichtlich ging es nicht um einen akut lebensbedrohlich erkrankten Patienten. Außerdem waren Hein nach diversen Einsätzen sowohl die Lage vor Ort als auch der Patient bekannt, das konnte nur hilfreich sein. Was also sollte schiefgehen?

Nach kurzer Anfahrt erreichte die gesamte Kavallerie die von der Leitstelle benannte Örtlichkeit. Uns empfing, wie so oft, Polizeihauptkommissar Schnelle.

»Es ist wieder so weit«, begrüßte er uns in seiner typisch jovialen Art. »Herr Mehner droht mit Selbstverletzung, falls er nicht sofort Speiseeis bekommt. Er muss sich runterkühlen wegen der 5G-Masten. Allerdings will er uns nicht reinlassen. Wir bleiben vor Ort, bis ihr fertig seid, der Rest wie gehabt …« Er machte eine Geste, die stark an Husch-husch erinnerte, und lehnte sich gelangweilt an seinen Streifenwagen.

»Warum war ich eigentlich noch nie hier?«, fragte ich leicht verwundert in die Runde. »Offensichtlich haben wir es ja mit einem Stammkunden zu tun.«

»Vielleicht weil du ein verdammtes Glücksschwein bist«, antwortete Hein und sah mich vorwurfsvoll an, als sei das meine Schuld.

Unterdessen machte sich Noah, unser Zugführer des Tages, samt Angriffstrupp und entsprechendem Werkzeug auf ins Treppenhaus.

»Ganz oben«, rief Hein ihnen nach, bevor wir die Drehleiter in Stellung brachten, um bereit zu sein, falls sich der Zugang über die Wohnungstür als schwierig erweisen sollte.

Und genauso kam es, denn Herr Mehner hatte offensichtlich aufgerüstet. Hätte laut Heins Darstellung vor Wochen noch ein Schulkind die von zahllosen Einsätzen geschundene Türe eintreten können, so zeigte sich jetzt ein frisches, stabiles Türblatt samt Spion und verschiedenen Schlössern, die auf eine Mehrfachschließung samt Querriegel hindeuteten. Auf ein Namensschild hatte Herr Mehner aus Gründen der Anonymität verzichtet, aber dank Heins Ortskenntnis war dieses Problem ja bereits gelöst.

Noah meldete sich per Handsprechfunkgerät. »Jungs, hier oben muss ich wirklich schweres Geschütz auffahren. Die zu erwartende Sachbeschädigung ist erheblich. Seht ihr eine Möglichkeit, über ein Fenster einzusteigen, ohne gleich die ganze Hausfassade einzureißen?«, fragte er im Rahmen der Verhältnismäßigkeit.

Heins Blick glitt prüfend über den oberen Teil des Gebäudes.

»Ha! Hab ich dich! Da oben steht ein Fenster auf Kipp, da sollten wir komplett gewaltfrei einsteigen können«, frohlockte er und gab seine Erkenntnisse an Noah weiter, der prompt einen Einsatzbefehl formulierte: »Drehleiterbesatzung, zur Sicherung des Patienten mit Rettungskorb in entsprechende Wohneinheit vordringen!«

Die Stützen des Hubrettungsgeräts, wie Drehleitern im Fachjargon auch genannt werden, fuhren aus und senkten sich ab. Hein und ich bestiegen den Rettungskorb und trotzten ab jetzt maschinell unterstützt der Schwerkraft. Über Joysticks steuerte ich den Korb, während Hein Utensilien vorbereitete, die er zum Öffnen des gekippten Fensters verwenden wollte. Keine halbe Minute später befanden wir uns sowohl in luftiger Höhe als auch in geeigneter Position, und Hein begann sein Werk.

Aus guten Gründen möchte ich an dieser Stelle nicht zu sehr ins Detail gehen, aber nach wenigen routinierten Arbeitsschritten änderte sich die Stellung des Fensters und es ließ sich komplett öffnen.

Zumindest war das unser erster Eindruck, denn leider stieß das Glasbauteil rasch an ein zu hoch eingebautes Spülbecken und gab darum nur einen circa fünfzehn bis zwanzig Zentimeter breiten Spalt als Zugangsweg frei.

Hein warf einen Blick hinein. »Oh, der Herr hat aufgeräumt! Sonst siehts bei ihm immer aus wie bei Hempels unterm Sofa – egal, du zuerst!«

Derartige Einsatzstellen betritt man grundsätzlich nur zu zweit, denn man weiß nie, was einen erwartet, und dann möchte man im Fall von Auseinandersetzungen oder Ähnlichem nicht allein auf weiter Flur stehen. Also kletterte ich hinein beziehungsweise wand, drehte und verrenkte ich mich, denn die Einsatzmontur trug etwas auf, und der Spalt war schmal. Erst als ich meinen Helm ablegte, gelang es mir, mich in die Wohnung zu quetschen.

Hein lernte sofort aus meinen Schwierigkeiten. Er zog seinerseits den Helm aus und legte ihn im Rettungskorb ab, bevor er geschmeidig ein erstes Bein über die Fensterbank schwang. Er wollte sich, mir ähnlich, hindurchwinden, stieß allerdings mit der Mitte seines Oberkörpers an physikalische Grenzen. Er erinnerte mich ein wenig an einen zu fetten Kater, der versucht, durch eine zu kleine Katzenklappe zu schlüpfen.

Hein gab sich alle Mühe, und trotzdem kam der Moment, wo es weder vor noch zurück ging.

»Soll ich ziehen?«, fragte ich und versuchte, nicht allzu amüsiert zu klingen.

»Du musst!«, antwortete Hein frustriert, während am Boden unter uns der Rettungsdienst, PHK Schnelle und die zurückgebliebenen Kollegen johlten.

»Hämische Drecksbande!«, entfuhr es meinem Lieblingskollegen, als er, einem Sektkorken nicht unähnlich, endlich ins Wohnungsinnere ploppte.

Da standen wir nun und ließen die Küche, in die wir eingedrungen waren, auf uns wirken.

»Hier hat sich irgendwas verändert!«, meinte Hein mit unsicherem Unterton in der Stimme, als ich ihn – ganz auf den Einsatz fokussiert – unterbrach: »Egal! Durchsuchen und Rückmeldung geben!«

Keine Minute später stand fest: In dieser Wohnung befand sich niemand, der unserer Hilfe bedurfte. Wir waren noch dabei, Schlussfolgerungen zu ziehen, als Noahs Stimme aus dem Funkgerät quakte: »Ihr seid drin! Sehr gut! Rückmeldung – was ist bei euch los?«

Nachdem Hein und ich uns nochmals vergewissert hatten, dass sich weder jemand in der Wohnung befand, noch sich ein menschliches Wesen auf dem Balkon oder unter dem Bett versteckte, antwortete Hein: »Definitiv niemand in Gefahr! Wir suchen einen Schlüssel, um die Tür zu öffnen, machen das Fenster von innen zu und übergeben die Einsatzstelle der Polizei. Herr Mehner lebt seine psychischen Auffälligkeiten diesmal wohl aus sicherer Entfernung aus.«

Noah antwortete zustimmend bis erleichtert, und ich machte mich auf die Suche nach einem Zweitschlüssel, um die Wohnungstür gewaltfrei von innen zu öffnen. Hein beteiligte sich an der Suche, aber er gefiel mir dabei nicht. Er trug die Stirn in skeptischen Falten und schien nervös. Obwohl sich definitiv kein Patient in der Wohneinheit befand, arbeitete etwas in ihm.

Wie um meinen Eindruck zu bestätigen, brummelte er vor sich hin: »Nein! Nein! Nein! Hier stimmt was nicht! Viel zu ordentlich! Irgendwie auch anders eingerichtet. Entweder Herrn Mehners Psychotherapeut ist ein Genie oder ich habe den Bock meines Lebens geschossen ...«, gab er leicht konsterniert von sich.

»Heureka, da ist er ja!«, entfuhr es mir, als ich aus einer Schlüsselsammlung, die an einem wenig künstlerischen Salzteiggebilde hing, das richtige Werkzeug zum Öffnen und Schließen der Wohnungstüre entdeckte. Heins Blick erinnerte an einen Kandidaten von *Wer wird Millionär?,* der bei der Fünfzig-Euro-Frage den dritten Joker verjubelt.

Das Metallgebilde mit Kerben und Bohrungen fuhr leicht ins Schloss, dann der immer wieder spannende Moment, ob sich eine Drehung vollziehen ließ oder nicht – es drehte. Klinke drücken und den Blick ins Treppenhaus und in die erwartungsvollen Gesichter der Kollegen genießen.

Weit gefehlt! Von Genuss konnte keine Rede sein, denn Hein und ich starrten ins Leere.

Holztreppen und grob verputzte Wände bildeten ein verwaistes Bühnenbild. Unser Blick schweifte nach unten und oben, und – verdammte Scheiße – die restlichen Einsatzkräfte standen erwartungsvoll eine Etage über uns. Wir waren in die falsche Wohnung eingestiegen. Hein hatte sich geirrt.

Über das Warum und Wieso lässt sich lange philosophieren. In über zwanzig Jahren Einsatzdienst habe ich solche Momente mehr als einmal erlebt. Entscheidend war, dass Noah keine Wahl mehr blieb. Seit unserem Eintreffen war genug Zeit verstrichen und eine Selbstgefährdung unseres Patienten nicht auszuschließen, also ließ unser Zugführer die Tür, vor der er bislang geduldig gewartet hatte, nun gewaltsam öffnen.

Der Rest ist schnell erzählt. Das Metall der Zarge bog sich, Holz splitterte, und vorwurfsvolle Augen starrten immer noch auf Hein, bis die richtige Tür sich endlich öffnete. Herr Mehner fand sich in der hintersten Ecke seines zugemüllten Wohnzimmers und drohte weiterhin, sich in Ermangelung von Speiseeis das Leben zu nehmen, doch darum kümmerten sich ab jetzt Rettungsdienst und Polizei, während mein Lieblingskollege einen viertelstündigen Spießrutenlauf hämischer Kollegen erlebte.

An dieser Stelle möchte ich meinen Freund in Schutz nehmen. Ob das Dachgeschoss ausgebaut oder zur darunterliegenden Wohnung gehörte, war von außen nicht wirklich zu unterscheiden. Ortskenntnis kann auch mal trügen, und immerhin hatte Hein die im Gebäude befindlichen Kräfte zur richtigen Wohnung gelotst, auch wenn das in diesem Moment nichts mehr zählte. Hein wurde verspottet und ausgelacht.

»Knapp vorbei ist auch daneben«, war noch der freundlichste Kommentar. Dass er obendrein im Fenster stecken geblieben war, wird meinen Lieblingskollegen noch Jahre begleiten – zum Dienst darf man eben nur physisch und psychisch topfit erscheinen.

Um Hein in seiner gegenwärtigen Verfassung aufzufangen, war dieser Einsatz jedenfalls mehr als ungeeignet. Gott sei Dank blieb der Rest der Schicht ruhig.

Aber es gab durchaus Nachwehen. Hein meldete sich für längere Zeit krank.

O Herr, wirf Hirn vom Himmel!

Hein war also für mehrere Wochen außer Gefecht gesetzt. Aber während er in den Untiefen seiner Psyche versuchte, mit sich, seinem Beruf und dem Universum wieder in Einklang zu kommen, ging für mich das Berufsleben natürlich weiter.

Einfach war das nicht, denn Hein und mich durfte man – zumindest im Einsatzdienst – getrost als siamesische Zwillinge bezeichnen. Wir mochten uns und konnten uns blind aufeinander verlassen. Außerdem hatte sich im Laufe der Jahre ein gewisser Einfluss auf die Dienstplanung etabliert, infolgedessen wir nahezu jede Schicht gemeinsam verbrachten. Egal ob auf dem Rettungswagen oder irgendeinem Löschfahrzeug, wir waren wie gut geschmierte Zahnräder in einem Getriebe, die geschmeidig ineinandergreifen.

Hein wusste nichts davon, doch durch seine Abwesenheit hatte auch ich mein Päckchen zu tragen. Als Ersatz für meinen Lieblingskollegen teilte man mir nämlich Xaver zu. Schlimm genug, dass ich mir bei der Aussprache seines Vornamens jedes Mal Teile des Zahnschmelzes abschmirgelte, nein, abgesehen davon entpuppte sich der Gute auch noch als der größte Korinthenkacker vor dem Herrn. Keine Dienstanweisung, die er nicht auswendig kannte, kein Behandlungspfad, dem er nicht konsequent bis ins letzte Detail folgte. Xavers fünf waren niemals gerade – und auf dieses lebensferne Verhalten war der Kerl auch noch stolz.

Oder kürzer formuliert: Xaver und ich passten nicht besonders gut zusammen, was unsere gemeinsamen Wochen mit unterschwelligen Spannungen würzte. Von außen betrachtet erinnerten wir vermutlich an ein Ochsengespann, bei dem jeder Paarhufer in eine andere Richtung strebte. Höhepunkt dieser Karambolage der Unterschiedlichkeiten war ein Stromunfall in der Nachbarschaft unserer Wache.

Zugegeben, das Einsatzstichwort »Stromunfall« lässt im Rahmen der Dramatik ein großes Spektrum zu. Es reicht von leichtsinnigen Jugendlichen, die im Schutz der Dunkelheit auf dem Güterbahnhof einen Kesselwaggon besteigen und kurzfristig zur Beleuchtung der Stadt beitragen, bis hin zu Elektromeister Plitz, der im Zuge einer Kücheninstallation mal kurz eine geflitscht bekommt.

Da in den angrenzenden Häusern unseres Wachgebäudes keine 100.000-kV-Hochspannungsleitungen verbaut sind (wir wüssten sonst davon), konnte man davon ausgehen, dass das mit der Dramatik eher nicht so dramatisch würde. Meinen entsprechenden Vorschlag, samt Equipment mal flott auf die andere Straßenseite zu laufen, lehnte Xaver jedoch vehement ab.

»Zu einem Einsatz gehört, dass ein Einsatzmittel anrückt!«, bestimmte er in herrischem Ton, fuhr das Hallentor hoch und startete den Rettungswagen.

»Nicht dein Ernst, oder?«, warf ich ihm über die Schulter zu, während ich zu Fuß die Straße überquerte, wo mich die Nachbarin auch schon freundlich winkend begrüßte.

»Hach, der ganze Aufwand! Ich höre Sie sonst immer nur ... tatütata, tatütata, und jetzt bin ich selbst dran. Himmelreich ist mein Name, aber ich sag immer, da gehts noch nicht hin«, plauderte die Dame in den Fünfzigern charmant drauflos.

»Davon gehe ich ebenfalls mal aus, und den Rest klären wir in aller Ruhe«, gab ich zurück, bis das erschallende Martinshorn meine Absicht mit der Ruhe ad absurdum führte.

Xaver fuhr tatsächlich mit Blaulicht und akustischer Warneinrichtung aus der Halle, um zwei Häuser weiter auf der gegenüberliegenden Straßenseite das Fahrzeug wieder zum Stehen zu bringen.

»Entschuldigung!«, entfuhr es mir mit einer abschwächenden Handbewegung, als mein Kollege wie ein wilder Derwisch geradezu angeflogen kam, sodass Frau Himmelreich zusammenzuckte.

»Ist die Einsatzstelle sicher? Sind alle elektrischen Anlagen abgeschaltet und gegen Wiederinbetriebnahme gesichert? Gibt es ein ABCDE-Problem? Sind weitere Kräfte erforderlich?«, brach es übermotiviert aus Xaver heraus.

»Das einzige Problem bist du!«, wollte ich entgegnen, riss mich jedoch zusammen und konterte mit meinem allerfreundlichsten Lächeln auf den Lippen: »Das hier ist die Frau Himmelreich, und es scheint so, als wäre sie unsere Notruferin. Vielleicht stellen wir ihr erst mal ein paar *sinnvolle* Fragen – hören zu und sehen dann weiter.«

Xaver ignorierte mich.

»Wie hoch waren die Stromstärke und der Widerstand? Wo sind die Eintritts- und die Austrittswunden lokalisiert? Wir müssen Sie natürlich entkleiden! Haben Sie das Gefühl, Eisen zu schmecken? Wir brauchen ein EKG! Steigen Sie sofort in den Patientenraum und legen Sie sich bitte auf die Trage«, forderte Xaver mit überbordenden Gesten und weit aufgerissenen Augen.

Und hier trennt sich meiner Meinung nach die Spreu vom Weizen. Streng genommen hatte Xaver mit jeder Frage und Feststellung recht, aber war seine Vorgehensweise richtig beziehungsweise verhältnismäßig? Wie sehr wünschte ich mir

Hein herbei, der Dinge dieser Art mit der notwendigen Gelassenheit anging.

Frau Himmelreich schaute mich inzwischen verunsichert, fast ängstlich an, und ich hatte alle Mühe, sie mit Gestik und Mimik zu beruhigen, während ich Xaver mit Blicken tötete. Anschließend wandte ich mich erneut an unsere Patientin. »Bevor auch nur das Geringste passiert, Frau Himmelreich, erzählen Sie mal ganz entspannt, was überhaupt passiert ist und warum Sie uns gerufen haben.«

Sie nickte, strich sich das Haar aus dem Gesicht und warf Xaver einen nervösen Blick zu, bevor sie an mich gewandt berichtete: »Ich wollte doch nix kaputt machen. Ich habe nur den Staubsauger in die Steckdose eingesteckt, dann kam da so ein kleiner Blitz raus, und in meinen Fingern hat es kurz gekribbelt. Und dann ...«

»Verlief der Stromschlag über Ihre Herzachse? Und wenn ...«, mischte sich Xaver ein, den ich nun meinerseits unterbrach: »Frau Himmelreich, Sie reden mit mir, und nur mit mir! Fahren Sie bitte fort.«

»... dann hat es weiter gekribbelt ...« Frau Himmelreich starrte zwischen Xaver und mir hin und her, bis ich sie anlächelte und ihr Blick an mir hängen blieb. »... und weil ich mal was in der Zeitung von der Apotheke gelesen habe, also so was mit Strom, habe ich meinen Hausarzt angerufen. Und der hat gemeint, es wäre wohl nicht so schlimm, aber wenn ich mir unsicher sei, solle ich den Notruf wählen, und weil Sie doch direkt gegenüber sind, habe ich gedacht ... – ich habe den Stecker auch wieder rausgezogen und die Sicherungen auf null geschaltet. War das falsch?«

»Sie haben alles richtig gemacht. Die Steckdose und den Staubsauger muss sich mal ein Elektriker anschauen, und wir kümmern uns um Sie. Ist alles wieder in Ordnung? Oder kribbelt es noch? Schlägt das Herz schneller als sonst?«

Frau Himmelreich schüttelte den Kopf.

»Lassen Sie mal Ihre Hand sehen.«

Sie ließ die Schultern sinken und streckte ihren Arm aus. Die Hand wies erwartungsgemäß keinerlei Verletzung auf. Es gab keine Auffälligkeiten bei den inzwischen durch Xaver erhobenen Vitalwerten und auch keine relevanten Vorerkrankungen.

»Dann ist ja alles gut«, entfuhr es unserer Patientin schließlich, und ich nickte.

»Gar nichts ist gut! Wir werden noch hier vor Ort ein großes EKG schreiben. Sie brauchen einen intravenösen Zugang, gegebenenfalls Medikamente, und wir bringen Sie selbstverständlich zur Beobachtung für mindestens 24 Stunden in ein geeignetes Krankenhaus«, insistierte Xaver brachial.

»Krankenhaus? Warum soll ich ins Krankenhaus?«, fragte Frau Himmelreich, die ihre zwischenzeitliche Unsicherheit überwunden zu haben schien, denn sie verschränkte die Arme vor der Brust und starrte Xaver böse an. »Ich fahre in kein Krankenhaus!«

Die folgende Diskussion möchte ich an dieser Stelle abkürzen. Xaver nötigte Frau Himmelreich, schriftlich zu bestätigen, dass sie trotz mehrmaliger Aufklärung und Darlegung möglicher Folgen bis hin zum Tod einen Transport in ein Krankenhaus auf eigene Verantwortung verweigere. Ich versuchte meinerseits, dem Kollegen zu erklären, dass nach seinen medizinischen Maßstäben pro Tag in Deutschland mindestens

10.000 Elektriker auf die Intensivstation eingewiesen würden und dass außerdem die gesamte Nachbarschaft inzwischen ein durchaus ambivalentes Bild von unserer Arbeit entwickelt haben dürfte, was an Xaver abperlte wie Regenwasser an Lotuspflanzen.

»Ich befolge nur die Dienstanweisungen«, verkündete er mit der Seelenruhe desjenigen, der grundsätzlich recht hat. »Sollte uns irgendjemand verklagen – wir haben nichts falsch gemacht.«

Ich gestehe, dass ich ihm perplex nachstarrte, als er die letzten Ausrüstungsgegenstände einsammelte und erhobenen Hauptes zum Einsatzfahrzeug zurückschritt. Dann verabschiedete ich mich von Frau Himmelreich, und während ich die Straße überquerte und dem Rettungswagen zurück zur Wache folgte, wünschte ich mir aus ganzem Herzen verdammt noch mal Hein zurück!

★

Eine Woche später war es so weit. Mein Lieblingskollege erschien wie aus dem Ei gepellt zum Dienst, frisch rasiert, leichte Bräune, ein Friseur hatte Hand angelegt, und vielleicht hatte Hein sogar ein paar Kilos verloren.

»Warst du etwa auf der Sonnenbank?«, fragte ich leicht konsterniert zur Begrüßung.

»Soll ja gut fürs Gemüt sein«, antwortete er knapp und strebte weiter zur Kaffeemaschine. Nachdem er sich an der Pumpkanne bedient und in der Sitzecke niedergelassen hatte, nahm er einen großen Schluck und stellte nüchtern fest: »An der Plörre hat sich schon mal nichts verändert.«

»Und bei dir?«, hakte ich nach – es schien gerade passend.

»Du lässt mich eh nicht in Ruhe, oder?«

Ich schüttelte den Kopf.

»Diagnose meiner Hausärztin ist eine depressive Episode, zumindest für den Augenblick. Die drei Wochen Auszeit haben gutgetan, ob es die Lösung war, wird sich zeigen. An der einen oder anderen Situation knabbere ich noch.« Hein starrte einige Sekunden lang sinnierend in seinen Kaffee, bevor er ergänzte: »Vermisst habe ich euch und das ganze Theater jedenfalls nicht – von dir persönlich in wenigen schwachen Momenten mal abgesehen. Ansonsten ist mein Redebedarf begrenzt, wenn du verstehst, was ich meine.«

Mein siamesischer Zwilling schien durchaus noch angekratzt, doch während ich versuchte, mich in seine Gefühlswelt hineinzuversetzen, alarmierte uns die Leitstelle zu einer Verlegung eines Patienten in die Psychiatrie.

»Passt ja, da kann ich gleich dableiben«, frotzelte Hein, schob seine Tasse beiseite und stand auf.

»Jetzt mal nicht komisch werden, mein Freund! Du wirst hier noch gebraucht«, antwortete ich mit einem Augenzwinkern, meinte meine Worte aber durchaus ernst.

Wir verließen mit dem Rettungswagen die Wache und waren auf der Anfahrt zum Krankenhaus, als Hein beiläufig fallen ließ: »Die Katze ist übrigens ein Kater – er hört auf den Namen Mister Mau.«

Ich verkniff mir die Antwort, doch ein seliges Lächeln huschte über mein Gesicht.

Die nächsten Tage plätscherten so dahin, alles war gut und Hein fast wieder der Alte. Die Dinge hatten sich quasi eingerenkt, und von kleinen verbalen Boshaftigkeiten der Kollegen wie »Hein, warum hast du eigentlich abgenommen?« mal abgesehen, verlief der Dienst in den gewohnten Bahnen.

★

Zwei Wochen später – Samstagabend

Wochenenden sind immer speziell. Zwingt die Arbeitswoche viele Mitmenschen zu einer gewissen Disziplin, so fallen ab Freitagnachmittag etliche Hemmungen. Die Sau in uns allen will schließlich auch mal raus, und spätestens wenn in einer lauen Frühlingsnacht die Säufersonne die Stadt in lauwarmes Licht taucht, ja, spätestens dann ist Polen offen.

Ob der Vollmond wirklich Einfluss auf die Einsatzfrequenz im Rettungsdienst hat, darüber streiten sich Gelehrte bis heute. Fest steht jedenfalls, dass Alkohol und andere berauschende Substanzen am Wochenende eine größere Rolle im Blaulichtmilieu spielen als an normalen Werktagen.

So wunderte es Hein und mich nicht, als uns die Leitstelle zu einem Einsatz in die Berliner Straße 100 schickte.

»Bei Geiferts klingeln. Irgendwas mit Drogen ...«, hatte es in der Alarmierung über Funk geheißen. So weit, so gut. Stutzig machte uns allerdings die Adresse, denn besagte Einsatzstelle lag in unmittelbarer Nachbarschaft zum uns gut bekannten Kreuzherrenkrankenhaus.

Als Hein den Rettungswagen zum Stehen brachte, brach es auch schon aus ihm heraus: »Da vorn ist der Eingang zur Notfallambulanz, bis dahin kann ich spucken, wenn ich will. Wenn der Kerl keine verletzten Füße hat, braucht der eine gute Ausrede, warum er nicht selbst über die Straße gelaufen ist.«

Ein Blick in Heins wütendes Gesicht, und ich wusste nicht, was ich dem Anrufer eher wünschen sollte: dass ihm etwas wirklich Übles zugestoßen war, sodass mein Lieblingskollege besänftigt wäre, oder dass lediglich eine Harmlosigkeit den Mann plagte, die ihn jedoch schutzlos Heins Zorn ausliefern würde.

Unentschieden folgte ich meinem Lieblingskollegen zum Haus, er klingelte bei Geiferts, und sofort gewährte uns ein Türöffner surrend Zutritt zum Haus.

»Ganz oben!«, schallte es lautstark durchs Treppenhaus, was Hein mit einem knappen »War klar, oder?« leicht genervt kommentierte.

Oben angekommen, erwartete uns eine offene Wohnungstür zu einer typisch funktional geschnittenen Studentenbude. Winzige Diele, Türe rechts zum WC, Blick geradeaus in ein Wohnzimmer mit Schlafcouch und links eine Küchennische, in der eine große Familienpizza Platzangst bekäme. Alles in allem keine dreißig Quadratmeter.

Vor der Kochgelegenheit saß ein unruhiger junger Mann auf einem Hocker. Der Endzwanziger war schlank, hatte lockiges längeres, zu einem Dutt geknotetes Haar, trug einen Trainingsanzug mit drei Streifen und dazu passende Badelatschen.

»Sie sind Herr Geiferts?«, fragte ich, um Verwechslungen auszuschließen.

»Ja, aber bitte sagen Sie Sebi, eigentlich Sebastian, aber so nennt mich niemand«, antwortete der junge Mann mit viel zu schneller Sprache und heftig wippenden Füßen.

»Dann erzählen Sie mal, warum wir hier sind«, eröffnete ich die Anamnese.

»Also, es war so ...«, begann Sebi, und Hein verdrehte jetzt schon die Augen. »Ich wollte mir nur was gönnen, habe fast drei Monate drauf gespart. Ich war im Puff, also nicht so richtig. Bloß in so 'ner Strapskneipe – Sie wissen schon, so ein Laden, wo man(n) auch mal was mitnehmen kann. Ich dachte, ich machs mal auf Koks. Dann die kleinen blauen Pillen hinterher. Hat aber nix gebracht, lag vielleicht an den 15 Bierchen vorweg. Dann 'ne Spur Speed hinterher – ich bin aber kein Junkie.«

»Natürlich nicht«, warf Hein ein, und Sebi nickte heftig.

»Genau! Hat die Frau mit den tätowierten Titten auch gesagt! Egal. Jetzt habe ich jedenfalls fürchterliches Herzklopfen, die Pumpe rast, und es fühlt sich an, als ob mir gleich die Schädelplatte wegfliegt, verstehen Sie? Zur Beruhigung hab ich zwei Joints geraucht, aber nix mit Entspannung! Was für eine Scheißnacht!« Er hob den Kopf und schaute zwischen uns hin und her. »Können Sie mir was zum Runterkommen geben?«

»Aber sicher!«, antwortete Hein nonchalant.

Unser Patient war ansprechbar, kreislaufstabil, zeitlich, örtlich und zur Situation gut orientiert, Gegengifte zum Drogencocktail hatten wir eh nicht zur Hand, und auch sonst fielen mir keine sinnvollen rettungsdienstlichen Maßnahmen ein, sodass ich gespannt auf Heins weitere Ausführungen wartete. Auch Sebi machte ein erwartungsvolles Gesicht.

»Wir machen einen Spaziergang! Pack deine Krankenversicherungskarte ein und los gehts. Frische Luft wird dir guttun!«, erklärte Hein, und ich wollte gerade zu der erstaunten Erkenntnis gelangen, dass seine Auszeit anscheinend wahre Wunder gewirkt hatte, als er hinterherschob: »Du kleiner

Drogenamateur willst uns wohl verarschen, was? Zu doof zum Poppen, aber bei den Kindern vom Bahnhof Zoo mitspielen wollen. Wir gehen jetzt rüber in die Ambulanz vom Krankenhaus. Statt vom Bordell nach Hause zu laufen, wärst du da besser direkt hingegangen, auf dich wartet heute nämlich höchstens die Nachtschwester. Aber dafür hätte es uns nicht gebraucht.«

Sebi starrte meinen Kollegen mit großen Augen an, dann nickte er langsam. »Ja, stimmt. Jetzt, wo Sie es sagen ...« Ein strahlendes Grinsen breitete sich auf seinem Gesicht aus. »Hätt ich auch selbst drauf kommen können.«

Heins Körper machte eine zuckende Bewegung, sodass ich ihm beruhigend eine Hand auf den Arm legte. Nur zur Sicherheit. Wortlos wandte mein Lieblingskollege sich ab und verließ die Wohnung. Sebi und ich folgten.

Keine fünf Minuten später war unser Möchtegern-Draufgänger mit der Verdachtsdiagnose »Mischintox« an das Krankenhauspersonal übergeben. Ungeklärt blieb, wie beliebt er sich in der Nachbarschaft damit gemacht hatte.

Außer Hörweite ließ Hein nochmals Dampf ab, indem er Sebi als Amateur bezeichnete, aber dann war es auch gut und der Einsatz erledigt. Bis zum Schichtende lagen noch gute fünf Stunden vor uns, und so gönnten Hein und ich uns bei einer amerikanischen Fast-Food-Kette eine Tasse schwarzen Kaffee zum Mitnehmen. Wir saßen im Einsatzfahrzeug und genossen Schluck um Schluck, während Hein tiefgründig den Vollmond und den klaren Sternenhimmel betrachtete.

»Da, der Große Wagen!« Er deutete hinauf. »Das Universum ist schon ein merkwürdiger Tanz der Moleküle, oder?«, fragte er vielsagend und zeigte in den Nachthimmel.

Ich war unsicher, ob er eine Antwort erwartete, und entgegnete vorsichtshalber: »Du machst mir jetzt aber keinen Antrag, oder? Die einzigen großen Wagen, die ich kenne, heißen Löschfahrzeug.«

Hein winkte ab. »Keine Sorge, ich befolge nur deine Ratschläge. Ich habe mir einen Kater angeschafft und interessiere mich wieder für Dinge abseits von Rettungsdienst und Feuerwehr. Im Augenblick befasse ich mich mit Astrologie und dem Einfluss der Gestirne auf uns Menschen – eine uralte Wissenschaft, von der heute niemand mehr etwas wissen will.«

Ich freute mich, dass mein Lieblingskollege sich so schnell beruhigt hatte und obendrein wieder ein Leben außerhalb des Dienstes führte. Zugegeben, ich hätte mir etwas Handfesteres gewünscht als Sterndeuterei. »Und, hast du schon bei Astro-TV angerufen?«, erkundigte ich mich daher auch frotzelnd, was Hein mir, seinem Gesichtsausdruck nach, durchaus übel nahm.

»Du musst dich schon entscheiden, ob du mir eine Hilfe sein willst oder zu denen gehörst, die denken, dass ich nur noch ein ausgebranntes Wrack bin«, gab er beleidigt zurück.

»Das denkt niemand, aber ...«, begann ich, um eine Entschuldigung bemüht, als uns die Leitstelle über Funk ansprach.

»RTW 3-1, für euch gehts weiter. Wieder was mit Intox – sorry. Brauereistraße 25, Einweiserin vor Ort«, tönte die Stimme des Leitstellenmitarbeiters aus dem Lautsprecher.

»Der Straßenname passt ja schon mal«, versuchte ich, die Situation aufzuheitern, doch Hein wollte oder konnte darüber nicht einmal lächeln.

Die Einsatzstelle lag in einem gutbürgerlichen Stadtteil. Hübsche Einfamilienhäuser mit großzügigen Gärten bildeten den Straßenzug, und man konnte sicher sein, dass ein Rettungswagen mit Blaulicht morgen das Tagesthema der Nachbarschaft sein würde.

Wir bogen gerade in die Brauereistraße ein, als keine fünfzig Meter vor uns eine wild gestikulierende junge Frau auf die Straße sprang. Blond, schlank, groß und hohe Hacken – so lief die höchstens Zwanzigjährige auf uns zu. Dabei war das Gangbild durchaus unsicher, und ein knappes silbernes Paillettenkleid funkelte wild in unseren Scheinwerfern. Zusammen mit unserem Blaulicht drängte sich mir der Eindruck auf, ein besoffenes Popsternchen tanze ungelenk auf das Publikum zu, um jeden Moment von der Bühne zu stürzen.

»Halt lieber an. Die Gute liegt gleich unter dem Wagen«, sagte ich entsprechend zu Hein, was dieser mit einem abrupten Bremsmanöver umsetzte. Sekundenbruchteile später schlugen Hände, begleitet von markerschütternden Schreien, trommelnd auf unsere Motorhaube: »Kommen Sie schnell! Kommen Sie schnell! Die Jackie! Die Jackie!«

»Ich gehe mit dem Notfallrucksack vor! Du bringst den Rest hinterher!«, wies ich Hein an und sprang aus dem Rettungswagen.

Die Blondine lief, so gut sie konnte, voraus, ich eilte hinterher. Bürgersteig, Vorgarten, kleine Treppe, dann durch einen verspiegelten Eingangsbereich und einen kurzen Flur ins Wohnzimmer, weiter durch eine aufgeschobene riesige Glasfront in einen üppigen Garten. Terrasse, Kiesweg, die Absätze der High Heels versanken zwischen den Steinchen, die Blondine wurde langsamer, links ein Pool, und auf dem daneben befindlichen Rasen das Corpus Delicti.

Auf einer rollbaren Gartenliege lag jene junge Frau, die vermeintlich unserer Hilfe bedurfte. Äußerlich waren keine

Verletzungen erkennbar, sodass ich den Notfallrucksack an mir herabgleiten ließ und die üblichen ersten schnellen Kontrollen durchführte. Ausreichende Atmung vorhanden, Puls auch, über das Bewusstsein ließ sich streiten. Kopfteil runter, stabile Seitenlage – ab jetzt gab es eine Basis zum Arbeiten.

»Das ist Jackie?«, fragte ich in Richtung der Blondine, die leicht hyperventilierend neben mir stand.

»Ja, Jackie. Und ich heiße Verena. Wir sind Zwillinge. Bitte erzählen Sie nichts unseren Eltern«, stammelte die junge Frau aufgeregt.

Erst jetzt fiel mir auf, dass das Äußere der beiden Mädels nahezu identisch war und sich lediglich durch die Farbe des Paillettenkleids unterschied. Verena trug Silber, Jackie ein sanftes Violett.

»Langsamer atmen!«, forderte ich Verena auf. »Das mit euren Eltern klären wir später, erzähl mir erst mal genau, was passiert ist, und dann sehen wir weiter.«

»Wir waren feiern ...«, begann Verena mit ihrer Schilderung, als Hein, bepackt wie ein Lastesel, auf der Bildfläche erschien.

»Schlimm?«, fragte er außer Atem und ließ das EKG, das Beatmungsgerät und die Absaugung auf den Rasen fallen.

»Weiß ich noch nicht!«, antwortete ich knapp und bat Verena mit einer Geste fortzufahren.

Doch bevor sie antworten konnte, kommunizierte Jackie mit uns. Zumindest soweit man in diesem Zusammenhang von Kommunikation sprechen möchte. Zunächst verließ ein ausgewachsener Rülpser unsere Patientin. Dann gab sie die stabile Seitenlage auf und drehte sich auf der Gartenliege mehrmals umständlich um die eigene Achse, um dann, von lautem Schnarchen begleitet, in Rückenlage zur Ruhe zu kommen.

»Die schläft friedlich«, stellte Hein ungerührt fest.

»Sie waren feiern«, wandte ich mich indessen erneut an die junge Frau in Silber. »... und dann?«

»Mummy und Daddy sind auf Kreuzfahrt, und wir haben sturmfreie Bude.« Verena begann, an ihren Haarsträhnen zu knibbeln, während sie erzählte. »Zuerst waren wir im Prince, dann im Blue Hole und später noch im Erdbeermund. Aber wir haben nur getanzt und getrunken.« Als sie meinen zweifelnden Blick erhaschte, fügte sie an: »Okay, wir haben mehr getrunken als getanzt. Wodka mit Energydrinks, also hauptsächlich, und ein paar Rum-Colas. Und ein paar Bier, die so ein paar Dorftrottel ausgegeben haben.« Sie schnaubte. »Sehen wir aus, als ob wir Bier wollten? Wir wollen Champagner!«, erklärte Verena sich und den Verlauf der Nacht.

»Dann ist Ihre Schwester nur besoffen?«, fasste ich zusammen.

»Nein! Dafür hätte ich Sie nie gerufen, das ist Jackie ständig.« Verena ließ ihre Haare los und stakste zu einem wenige Meter entfernten Blumenbeet. »Hier! Meine Schwester hat Hirn erbrochen!« Mit diesen Worten und einem Ausdruck der Verzweiflung im Gesicht deutete sie auf einen Zwergginkgo, der mit einer hellen, sämigen Masse umspült war.

Ich warf einen kurzen Blick auf Jackie, die weiterhin grummelte und einer jungen Frau unwürdig schnarchte. Dann näherte ich mich der Beweislage, und vor meinem geistigen Auge begann ein Memory der besonderen Art: Ordne erbrochene Speisen ihren ursprünglichen Zutaten zu.

»Bandnudeln!«, entfuhr es mir schließlich siegessicher, doch leider hatte Hein keine Lust zu spielen.

»Hirn erbrochen?«, fragte er stattdessen. »Weißt du was? Den Scheiß hier machst du allein – sonst bin ich die nächsten drei Wochen sofort wieder krank!« Mit diesen Worten drehte er sich um und stapfte zurück zum Rettungswagen.

»Bleibt Jackie jetzt doof?«, erkundigte sich indessen Verena, und Besorgnis schwang in ihrer Stimme.

»Kommt drauf an, wie klug sie vorher war«, murmelte ich, bevor ich laut mit einer Gegenfrage erwiderte: »Wie kommen Sie darauf, dass es sich um Hirn handelt, was Ihrer Schwester hochgekommen ist?«

Verena zuckte die Achseln. »Na, schauen Sie doch mal, wie das aussieht, da sind so komische Windungen drin. Kotze sieht anders aus. Und merkwürdig geklungen hat es auch, als sie sich übergeben hat.«

Womit wir wieder beim Thema Studie wären ...

»Alles klar ... ähm, wie alt seid ihr?«, fragte ich, während ich zurück an die Liege trat und Jackies Blutzucker bestimmte sowie Puls und Blutdruck im Auge behielt.

»Einundzwanzig. Ich bin fünf Minuten älter«, erfuhr ich und lächelte.

»Eure Eltern werden nichts erfahren, und deine Schwester bleibt auch nicht doof! Aber du wirst mir jetzt helfen!«, antwortete ich erleichtert.

»Klaro – und danke!«

Gemeinsam fassten wir die Gartenliege und rollten den schlummernden Zwilling durch Garten, Wohnzimmer, Flur und die Vortreppe hinunter. Hein erwartete uns mit verschränkten Armen an der Motorhaube des Rettungswagens lehnend. Sein Blick war unergründlich.

Eine halbe Stunde später hatte das Kreuzherrenkrankenhaus ein belegtes Bett mehr, und Hein und ich meldeten uns wieder einsatzbereit.

Den Rest der Nacht beschäftigten uns zwei junge Männer, die im Erdbeermund ein paar aufs Maul bekommen hatten. Um sieben Uhr war Schluss – und nicht nur bei Hein hatte die Nacht Spuren hinterlassen.

Der Rauswurf

»Man kann doch nicht alles mit fehlendem Erfahrungshorizont entschuldigen!«, echauffierte sich mein Lieblingskollege einige Wochen später. »Wir diskutieren inzwischen seit zwei Stunden über den Sinn und Unsinn von Notrufen – dabei sind wir selbst dran schuld, wenn man uns wegen Furunkeln am Arsch alarmiert. Alle haben verstanden, dass Vernunft und gesunder Menschenverstand auf der Strecke geblieben sind. Aber wer, frage ich, wer tut etwas dagegen?« Auffordernd blickte er in die Runde, begegnete dabei allerdings lediglich sechs ratlosen Augenpaaren.

Alles hatte damit begonnen, dass Hein und ich verabredet hatten, unsere Einsätze retrospektiv zu analysieren. Wir wollten uns gegenseitig helfen und dem jeweils anderen als Gesprächstherapeut dienen, um nicht irgendwann von den eigenen Kollegen zwangseingewiesen zu werden. Hein hatte im Laufe seiner Karriere mehrere Kurse Psychologie an der Volkshochschule besucht und ich in der Realschule im Fach Religion immer eine Zwei. Wir waren also beide mehr als qualifiziert.

Ein paar Treffen lagen bereits hinter uns, und der Kreis wuchs stetig, bis schließlich ein Stammtisch das Licht der Welt erblickte, den böse Zungen auch abfällig als Selbsthilfegruppe bezeichneten. Neben Feuerwehr- und Rettungsdienstkollegen hatte sich auch Polizeihauptkommissar Schnelle der Runde angeschlossen.

»Wenn ich könnte, wie ich wollte, bräuchte ich in jedem Dienst schon mittags neue Munition«, sagte er in seinem Begrüßungsouting und erntete dafür viel Zuspruch.

»Die Menschen müssen aufhören zu glauben, was sie denken!«, verkündete Leo leicht angetrunken und hieb, zur Verdeutlichung seiner Aussage, sein halb volles Bierglas mit Wucht auf den Tisch.

»Schöner Diskussionsbeitrag, wirklich schön«, lallte Thomas an Leo gewandt, um sich dann unvermittelt ein Nasenhaar auszureißen und es zwischen Daumen und Zeigefinger hin und her zu rollen.

Mich beschäftigte derweil die Frage, ob diese immer mehr aus dem Ruder laufenden Treffen Hein und mich wirklich weiterbrachten, als mein Lieblingskollege auf einen Stuhl kletterte und mit einem Brauhausbesteck gegen sein Glas schlug.

»Freunde! Wir werden ein Manifest verfassen! Ein Werk der Aufklärung. Der Spruch ist zwar nicht von mir, aber es wäre ein schmissiger Titel. Was haltet ihr von: ›Reißt euch mal zusammen, Ihr Lappen – Feuerwehrtaktik im Lebensalltag‹?«

Hein erntete durchaus Beifall für seine Aktion, und das nicht nur von unserem Tisch.

»So oder so ähnlich muss 1948 die Gründung der FDP abgelaufen sein«, warf ich ein. »Allerdings ist nur wenig Fruchtbares draus entstanden ...«, aber niemand hörte mir zu. Soeben ward eine besoffene Idee geboren, die gebührend gefeiert sein wollte.

Was ich im wahrsten Wortsinn für eine Schnapsidee hielt, meinte Hein allerdings völlig ernst. In den nächsten Wochen verbrachte er fast seine gesamte Freizeit vor dem Laptop und bastelte an Texten, die alle das Ziel verfolgten, durch Hilfe zur Selbsthilfe unnötige Einsätze zu vermeiden. Auch während der

Dienste feilte er in der Bereitschaftszeit an Formulierungen und allgemein verständlichen Darstellungen unserer Zuständigkeiten. Und selbstverständlich ließ er mich daran teilhaben.

Dr. med. Google ist nicht dein Hausarzt und *Rettungsdienst und Notaufnahme – über den richtigen Umgang mit medizinischen Ressourcen* klangen fast wie wissenschaftliche Essays. Daneben gab es aber auch so etwas wie Bedienungsanleitungen für den Alltag. Hein befasste sich literarisch mit Rauchmeldern sowie der Tatsache, dass die Feuerwehr nicht für den Batteriewechsel zuständig ist. Er schrieb einen flammenden Aufruf an Senioren, Teppichläufer aus ihren Wohnungen zu verbannen, um die bundesweite Zahl an Oberschenkelhalsbrüchen signifikant zu reduzieren. Und zu meinen absoluten Lieblingswerken gehörte der Aufsatz mit dem launigen Titel: *Als ich mal einen kleinen Mülleimer mit einer einzigen Gießkanne ganz allein löschte.*

»Wo und wie möchtest du das Zeug eigentlich veröffentlichen?«, fragte ich Hein eines Tages, während ich mehrere Blätter nach meiner Lektüre ordentlich sortierte.

»Was du abfällig als ›Zeug‹ bezeichnest, wird den Buchmarkt im Bereich Ratgeber in neue Dimensionen vorstoßen lassen«, gab er leicht gereizt zurück. »Wie viele von euch sagen ständig: ›Man müsste mal ein Buch über den Scheiß schreiben.‹? Jetzt macht es einer, und dann ist es auch wieder nicht richtig.« Er riss mir den Papierstapel aus den Händen und verstaute ihn in einer Mappe, die er seit Geburt des Projekts beständig mit sich herumschleppte.

»Ich meine ja nur ...«

»Ja, ja. Du meinst immer nur ... und du meinst es immer nur gut ..., und vor allem mit mir ... Ich weiß! Ich weiß! Weißt du was? Lies das hier! Und sag mir danach deine ehrliche Meinung.« Damit drückte Hein mir einen weiteren Aufsatz in die Hände, um sich dann wieder seinem Laptop zuzuwenden.

Ich überlegte noch, mit welchen Worten ich ihn besänftigen konnte, als der nächste Alarm ertönte.

»Person vermisst. Tür öffnen. Wendelinstraße 226, auf den Namen Simons. Mitarbeiter vom Hausnotruf ist vor Ort. Einsatz für Löschfahrzeug, Drehleiter und RTW 3-1. Polizei rollt auch«, schallte es durch alle Räume der Wache, und die Kollegen eilten zu den entsprechenden Fahrzeugen. Hein und ich besetzten mal wieder die Drehleiter.

»Keine Sorge, in der Straße gibt es nur Einfamilienhäuser, also mach dir keine Gedanken wegen der Etage«, gab Heins Erzfeind Hermann ihm mit auf den Weg, aber mein Lieblingskollege ließ sich trotz der kleinen Boshaftigkeit nicht provozieren. Sein Buchprojekt schien ihm Auftrieb zu geben und ihn über profanen Dingen stehen zu lassen.

Unser kleiner Blaulichtkonvoi bahnte sich seinen Weg, und wenig später erreichten wir die Einsatzstelle unweit des Stadtrands.

»Jansen mein Name. Hausnotruf«, stellte sich der kleine korpulente Mann vor, der uns vor Ort empfing. »Blöde Sache hier. Ich habe mehrfach geklopft und zigmal geklingelt. Frau Simons ist eine unserer betagteren Kundinnen. Über neunzig. Sie verfügt über ein Hausnotrufsystem mit Sturzerkennung, das Alarm geschlagen hat. Nachdem Frau Simons auf die Ansprache per akustischer Verbindung nicht reagierte, bin ich sofort hergekommen. Ich habe zwar einen Schlüssel, komme aber trotzdem nicht ins Haus. Frau Simons hat wohl abgeschlossen und ihren Schlüssel von innen stecken lassen«, erklärte Herr

Jansen die Hintergründe für den Einsatz der Feuerwehr und reichte uns nacheinander die Hand.

Weitere Blaulichter tauchten auf, als ein Streifenwagen in die Straße einbog. PHK Schnelle samt einem Auszubildenden erreichte den Ort des Geschehens. Man begrüßte sich knapp, bevor der Vorgesetzte seinem jungen Kollegen unsere Arbeitsweise erklärte: »Also, wenn es gut läuft, sind wir gleich wieder weg. Wenn es schlecht läuft, machen die Jungs von der Feuerwehr alles kaputt, und wir sind anschließend für die Eigentumssicherung zuständig. Und wenn es ganz schlecht läuft, drehen wir hier eine neue Folge vom *Tatort*. Alles verstanden?«

Der Azubi nickte und probierte sich an einer selbstbewussten Haltung, so als wäre er schon hundert Jahre im Geschäft.

Zeitgleich versuchte Noah als Einsatzleiter, nähere Informationen von Herrn Jansen zu bekommen: »Waren Sie schon mal hier? Wissen Sie etwas über Vorerkrankungen der Dame?«

»Nö, ist mein erstes Mal hier. Frau Simons hat bisher nie unsere Hilfe in Anspruch genommen. Aber auf der Rückseite vom Haus ist ein gekipptes Fenster, falls das hilft«, antwortete der Mitarbeiter des Hausnotrufs.

»Und ob das hilft!«, freute sich Noah über die gute Erkundung und erteilte sofort entsprechende Befehle: »Rettungsdienst in Bereitschaft vor die Haustür! Angriffstrupp versucht sein Glück zunächst ebenfalls an der Haustür! Die Drehleiterbesatzung mit mir zum gekippten Fenster auf die Rückseite!«

Unter den wachsamen Augen der Nachbarschaft – inzwischen lag die halbe Wendelinstaße in den Fenstern – ließ Hein sich das nicht zweimal sagen. Er hatte wohl den Eindruck, etwas gutmachen zu müssen. Angeführt von Herrn Jansen preschte mein Lieblingskollege samt entsprechendem Werkzeug voraus.

Dicht dahinter im Gänsemarsch Noah, PHK Schnelle samt Azubi und ich als Heins moralische Unterstützung.

Nachdem wir uns durch eine Buchenhecke gezwängt hatten, erreichten wir eine gepflegte Gartenanlage. Großzügige Rasenflächen umrahmten einen Pool mittlerer Größe, und eine einladende Terrasse bot Zugang zum Haus.

»Außer dem Hausnotruf hat die Dame wohl auch noch einen Gärtner unter Vertrag. Und der Gärtner ist immer der Mörder«, meinte der Polizeianwärter so unpassend wie unnötig, was PHK Schnelle ein angestrengtes Stirnrunzeln abverlangte.

Hein kannte indes nur ein Ziel – das gekippte Fenster. Schiere Entschlossenheit stand auf seiner Stirn geschrieben: Sollte sich der Angriffstrupp doch an der verschlossenen Haustüre abarbeiten. Mein Lieblingskollege würde die Scharte der jüngeren Vergangenheit auswetzen, und das nicht nur in Rekordzeit, sondern obendrein gewaltfrei.

Ein dünner blasser Vorhang verdeckte das Fenster von innen, sodass sich höchstens schemenhafte Eindrücke vom Wohnraum dahinter ergaben. Wenigstens standen keine chinesischen Vasen auf der Fensterbank, und so begann Hein auf Noahs Geheiß sein Werk. Der Angriffstrupp wurde zunächst zurückgepfiffen.

Die nächsten Arbeitsschritte möchte ich wie immer nicht im Detail erläutern, doch so viel sei gesagt: Mit seinem Unterarm drang Hein in den Spalt des gekippten Fensters ein und versuchte dann, mit einem Hilfsmittel den innen liegenden Fenstergriff zu manipulieren. Er fummelte daran herum, als hinter dem Vorhang plötzlich ein Schatten auftauchte. Erschrocken zog Hein seinen Arm reflexartig aus dem Fenster heraus, dann wurde der Vorhang zurückgerissen, und allesamt schauten wir in die grimmigen Augen einer älteren Dame, die extrem an Frau Kling aus der *Lindenstraße* erinnerte. In einer beeindruckend fließenden Bewegung schlug sie das Fenster zu, legte den Griff um und zog den Vorhang wieder vor. Eine kurze, aber eindrucksvolle Vorstellung war beendet.

Heins Augen wurden erst groß, dann schlagartig leer, und schließlich stand er fassungslos bis konsterniert da. Teile seines Hilfsmittels, bestehend aus einem flachen Seil, ähnlich einem Rollladengurt, waren eingequetscht und nicht ohne Weiteres entfernbar.

»Die Frau hat doch jetzt nicht das Fenster zugeknallt – oder?« Hein klang so unvorstellbar müde, dass mich jähes Mitleid überkam.

»Äh, doch!«, ließ sich Noah vernehmen, der im Augenblick ebenfalls keinen sonderlich intelligenten Eindruck machte.

Jetzt war guter Rat teuer, und so entschied man sich zu einem gemeinsamen Kriegsrat unter allen Beteiligten. Alle Augen richteten sich auf Herrn Jansen vom Hausnotruf, der abwehrend die Hände hob und stammelte: »Jetzt fragen Sie mich nicht, ob ich mehr weiß – ich kenne die Dame nicht, wie schon gesagt, es ist für mich hier und heute ebenfalls das erste Mal.«

Polizeihauptkommissar Schnelle wollte die Gunst der Stunde zur Flucht nutzen: »Also, Frau Simons scheint ja wohlauf zu sein, wir würden uns dann verabschieden.« Er winkte jovial in die Runde und machte bereits auf dem Absatz kehrt.

Aber er hatte nicht mit Noah gerechnet.

»Hier verlässt kein Hahn den Misthaufen, bevor wir nicht mit der Dame gesprochen haben«, donnerte unser Zugführer. »Womöglich ist die Gute verwirrt und nicht geschäftsfähig. Ich will morgen nicht wegen unterlassener Hilfeleistung oder irgendeinem anderen Quatsch in der Zeitung stehen.«

Ein bohrender Blick traf PHK Schnelle, der seinerseits die Augen verdrehte.

»Ich kann euch ja meinen Auszubildenden hierlassen«, frotzelte er, was Noah mit einem müden Lächeln kommentierte.

»Und ich hätte gern mein Werkzeug zurück!«, fügte Hein an. »Und da kommen wir nicht dran, ohne das Fenster in irgendeiner Form aufzubrechen.«

Es war an mir, die Dinge zusammenzufassen: »Frau Simons hat den Hausnotruf ausgelöst – warum auch immer. Wir wissen zu wenig über die Dame und die Ursachen des Notrufs, um sie sich selbst zu überlassen, zumal ihre Reaktion auf unseren Auftritt wenig rational erscheint. Wenn Frau Simons bei Sonnenaufgang tot in der Wohnung liegt, kleben wir hier alle am Fliegenfänger. Außerdem will Hein sein Werkzeug zurück. Wir können es drehen und wenden, wie wir wollen – wir müssen in die Wohnung!«

Die nächste Diskussion drehte sich entsprechend um die Art und Weise des Eindringens. Um es kurz zu machen: Der Angriffstrupp verschaffte sich durch die Haustür gewaltsam Zugang zum Objekt. Was dramatisch klingt, war halb so wild, die Sachbeschädigung hielt sich in Grenzen, und fünf Minuten später watschelte ein Gänsemarsch, bestehend aus Hausnotruf, Polizei, Rettungsdienst und Feuerwehr, in den Bungalow von Frau Simons.

Im Inneren war Strenge angesagt. Eine ordentlichere Bleibe habe ich in über zwanzig Jahren Berufsleben selten betreten – vom Boden hätte man essen können. Kein einziges Staubkorn war zu sehen, geschweige denn eine Wollmaus. Der Bodenbelag bestand aus großen weißen Fliesen, die Wände waren mit abwaschbarer Glasfasertapete behängt, und die Küche machte einen gänzlich unbenutzten Eindruck. Was auf den ersten Blick ein schöner Kontrast zu vielen anderen von Hein und mir besuchten Behausungen darstellte, strahlte gleichzeitig etwas Kaltes beziehungsweise Unpersönliches aus.

Das einzige Lebewesen im Haus, von Frau Simons, die wir bisher noch nicht entdeckt hatten, einmal abgesehen, schien ein riesiger Kaktus im Wohnzimmer zu sein, dessen beeindruckende Dornen mindestens drei Zentimeter weit in die Luft stachen. Im Flur hingen akkurat platzierte Porträts von Menschen, die nicht lachten, ja nicht einmal lächelten; offensichtlich Familienangehörige.

Inzwischen übertrug sich die Stimmung auf alle Anwesenden, und ich hatte das Gefühl, dass wir enger zusammenrückten. Alles in diesem Haus schrie uns entgegen: »Ihr seid hier nicht willkommen!«

Niemand sprach, während wir Raum für Raum nach der vermeintlichen Patientin durchsuchten, bis schließlich am Kopfende des Flures eine letzte ungeöffnete Tür auf uns wartete. Die schlecht gelaunten Blicke der Porträts im Nacken, war es an Hein, das Tor zur Hölle aufzustoßen.

Der Anblick, der sich uns bot, hatte etwas Unwirkliches. Ein riesiges Kruzifix, eines Bischofssitzes würdig, hing an der Wand und wachte über das Schlafgemach. Im Bett darunter saß Frau Simons aufrecht und zeterte los, was das Zeug hielt. Hein wollte die Tür wieder zuschlagen, wurde jedoch von der kleinen Polonaise aus mehr oder weniger freiwilligen Helfern in den Raum geschoben.

Zu acht standen wir schließlich um das Bett herum, von dem aus Frau Simons mit Jesus Christus im Rücken über uns herzog. Von außen betrachtet und ohne Ton hätte der Eindruck einer Familie entstehen können, die sich um ein Sterbebett versammelt, doch weit gefehlt. Frau Simons war quicklebendig und überaus angriffslustig.

»Warum dringen Sie mitten in der Nacht in mein Haus ein? Ich habe Sie nicht gerufen! Fällt Ihnen nichts Besseres ein, als einer alten rechtschaffenen Frau den Schlaf zu rauben? Sind Sie alle nicht bei Verstand?«

»Aber Sie haben doch den Hausnotruf ausgelöst«, versuchte Herr Jansen zu erklären und senkte den Kopf wie ein gescholtener Schuljunge. »Deshalb sind wir hier.«

»Das Scheißding habe ich in die Ecke gepfeffert! Ständig juckt es unter dem Armband. Neumodischer Schnickschnack, den meine missratene Tochter angeschleppt hat. Und dann dieser dämliche Lautsprecher, der mir lächerlich blöde Fragen stellt. Aber nicht mit mir! Stecker raus! Dann war Ruhe.« Frau Simons verschränkte die Arme vor der Brust und durchbohrte uns der Reihe nach mit bösen Blicken. »Jedenfalls bis irgendein Wahnsinniger penetrant geklingelt und geklopft hat.«

»Das war ich«, antwortete Herr Jansen kleinlaut.

»Dann sind Sie hiermit entlassen, Sie Tunichtgut! Und der Rest von Ihnen kann ebenfalls verschwinden!«

»Also, gute Frau, wir freuen uns, dass es Ihnen gut geht. Aber wir sind ja nicht zum Spaß hier«, versuchte PHK Schnelle die Gesprächsführung an sich zu ziehen, kam jedoch nicht weit.

»Ihre Freude wird von kurzer Dauer sein. Mein Sohn ist Staatsanwalt, und wenn er erst mal mit Ihrem Vorgesetzten gesprochen hat, sind Sie froh, wenn Sie noch Akten lochen dürfen! Haben Sie keine dringlicheren Aufgaben, Herr Wachtmeister?« In PHK Schnelles Gesicht zeichnete sich Unglaube ab, aber Frau Simons war noch nicht fertig. »In der Straße ist Falschparken an der Tagesordnung, schreiben Sie ein paar Strafzettel! Und jetzt schleunigst raus mit Ihnen, hopp, hopp!« Mit energischem Gestus winkte die Dame zur Tür.

»Aber wir wollen Ihnen doch nur helfen«, mischte sich der Auszubildende von PHK Schnelle verhuscht ein.

»Wer ist er denn?« Frau Simons musterte den jungen Mann abschätzig. »Keine Sterne auf der Schulter, aber schon den Mund aufmachen?!« Damit war der Nachwuchspolizist ausreichend abgekanzelt.

Derweil beschäftigte sich Hein damit, sein eingeklemmtes Werkzeug aus dem Fenster zu befreien, was Frau Simons zwar argwöhnisch beobachtete, erstaunlicherweise aber unkommentiert ließ. Stattdessen schoss sie sich als Nächstes auf einen der Notfallsanitäter ein, der dreist danach gefragt hatte, ob er ihr mal den Blutdruck messen dürfe.

»Im Leben nicht! Wenn Sie mich auch nur anfassen, haben Sie eine Anzeige am Hals! Ihr Pflasterkleber seid hier so unnötig wie ein Kropf.« Sie hob den Zeigefinger und stach in Richtung des armen Kollegen, dessen Gesichtsfarbe ein ungesundes Rot annahm. »Mein dritter Ehemann hat mit Ihresgleichen die Reise ohne Wiederkehr schon angetreten. Erst wollen Sie nur den Blutdruck messen und zack – hat man ein EKG auf der Brust und liegt auf der Bahre oder Trage oder wie Sie das Ding nennen.« Langsam drehte sie den Kopf und stierte jedem von uns ein paar Sekunden in die Augen, während sie sagte: »Hören Sie mir gut zu! Des Menschen Wille geht vor sein Wohl! Ich will mit euch Blaulichtjüngern nichts zu tun haben. Das kriegen Sie auch gern schriftlich! Mit anderen Worten – raus hier!«

Als Opfer der unfreundlichen Tiraden fehlte inzwischen nur noch Noah, der Repräsentant der Feuerwehr. Aber auch er bekam sein Fett weg, als er sich in Sachen Einsatzbericht leichtsinnig nach dem Geburtsdatum der Frau Simons erkundigte.

»Und Sie kleiner Flegel wollen dem Fass wohl den Boden ausschlagen – oder was?«, geiferte sie prompt von Neuem los. »Reicht es nicht, dass Sie stümperhaft als Erfüllungsgehilfe der restlichen Brut fungieren? Jetzt werden Sie auch noch unverschämt. Mich nach dem Alter fragen ...«, erregte sich die Witwe mehrerer Ehemänner bühnenreif.

Theatralisch warf sie die Arme in die Luft. »Es reicht, wenn Sie wissen, dass ich bereits Witwe war, bevor Sie Ihre erste Windel voll hatten!«

»Ach, übrigens, Frau Simons, Ihre Haustür lässt sich im Augenblick nicht abschließen«, warf Hein merkwürdig ruhig ein und unterbrach damit für einen Augenblick das verbale Trommelfeuer.

Es vergingen ein paar Sekunden, in denen Frau Simons Luft zum endgültigen Schlag holte. Dann schallte es durch den Raum: »Dass Sie Kleingeister allesamt von Genie befreit sind, haben Sie ausreichend unter Beweis gestellt, vielen Dank! Kümmern Sie sich nicht weiter um die Tür – wer mich klauen will, ist selbst schuld. Ich gedenke jetzt zu schlafen – also verschwinden Sie endlich!«

Zwei von uns besaßen die Courage, Frau Simons eine gute Nacht zu wünschen, bevor sich der Gänsemarsch bedröppelt und in umgekehrter Reihenfolge in Bewegung setzte. Vorbei am Kaktus und den Familienporträts, die nun hämisch zu grinsen schienen, erreichte die hilfsbereite, aber ungebetene Truppe das Freie. Der wolkenlose Sternenhimmel blinzelte auf uns herab, als Hein die demolierte Haustür zumindest zufallen ließ. Mir schoss die Frage durch den Kopf, ob Frau Simons überhaupt ein neues Schloss brauchte, das sie vor der Umwelt schützte. Oder ob nicht eher das Gegenteil der Fall war.

»So ein Drachen! Die Alte müsste eigentlich Schuppen tragen statt Haut«, fasste PHK Schnelle die Gesamtsituation zusammen. »So was habe ich in fast dreißig Dienstjahren noch nicht erlebt!«

Schulterzuckend stimmten alle Beteiligten zu, und ein weiterer gemeinsamer Kriegsrat stellte fest, dass die Gute zeitlich, örtlich, zur Sache und auch zur Person orientiert war und folglich als voll geschäftsfähig einzustufen war. Es blieb zwar irgendwie ein Geschmäckle zurück, doch mehr als unsere Hilfe anbieten konnten wir nicht. Der Rest war schriftliche Dokumentation, die wir in diesem Fall besonders akribisch ausführten. Wir alle kannten schließlich den alten Spruch: »Nur wer schreibt, der bleibt.«

PHK Schnelle sammelte seinen Auszubildenden ein, der Rettungsdienst zog von dannen, und auch die Feuerwehr rückte ab. Auf der Heimfahrt machte Hein einen merkwürdig ruhigen, aber irgendwie auch verschmitzten Eindruck.

»Alles in Ordnung mit dir?«, erkundigte ich mich, weil ich nach diesem neuerlich schwierigen Einsatz um Heins seelische Verfassung bangte. »Oder ist dein Ego angekratzt?«

»Alles bestens!« Mein Lieblingskollege grinste. »Ich will die Dame näher kennenlernen.«

»Was?!« Ich musste einige Sekunden nach Luft schnappen, bevor ich weitersprechen konnte. »Hör mal, als ich sagte, du sollst dich mehr um dein Privatleben kümmern, meinte ich zwar schon auch, Bekanntschaften zu schließen ...«

Hein unterbrach mich: »Der Satz: ›Des Menschen Wille geht vor sein Wohl‹ ist inspirierend, findest du nicht? Wie oft biedern wir uns mit unserer Hilfe nur an, weil wir Angst vor dem Staatsanwalt haben? Vielleicht hat die gute Frau ja Lust, ein Kapitel für mein Buch zu schreiben«, sinnierte Hein, während er hoffnungsvoll nickte.

»Auweia!«, flüsterte ich unhörbar in mich hinein. Der nächste Stammtisch würde ohne mich stattfinden.

Unglaublich, aber leider wahr

Die Enttäuschung war groß. Hatte ich gehofft, Frau Simons würde getreu dem Motto »Aus den Augen, aus dem Sinn« aus Heins Fantasie verschwinden, so wurde ich schnell ernüchtert. Auch Wochen nach dem Einsatz gab er seine fixe Idee, die alte Dame könne ein Kapitel für sein Buch verfassen, keineswegs auf. Im Gegenteil, er hatte ihr einen sechsseitigen, ihrem Alter entsprechend handgeschriebenen Brief geschickt, in dem er seine Absichten und Motive zur Aufklärung der Bevölkerung erläuterte und ihre selbstständige und selbstbewusste Art in höchsten Tönen lobte. Darüber hinaus bot er ihr sogar eine Beteiligung an den Tantiemen an. Er hatte einen frankierten Rückumschlag beigelegt, bisher allerdings keine Antwort erhalten.

Ähnlich verhielt es sich leider auch mit den Verlagen, denen Hein ebenfalls ein Exposé mit Darlegung seiner vermeintlich gesellschaftsrelevanten Thesen sowie Leseproben zugesandt hatte.

»Sehr interessantes Thema, aber leider passt Ihr Werk nicht in unser aktuelles Portfolio, mit freundlichen Grüßen ...«, lautete der wohlwollend verblümte Tenor der Absagen, die mein Freund und Lieblingskollege im Wochenrhythmus erhielt.

»Geht diesen Banausen ihr Bildungsauftrag eigentlich komplett am Arsch vorbei?«, regte er sich regelmäßig darüber auf.

»Bei den ganzen B-Promi-Biografien war mir, von Schulbuchverlagen mal abgesehen, überhaupt nicht klar, dass Verlegende überhaupt einen Bildungsauftrag haben«, meinte ich, während ich ihm auf die Schulter klopfte. »Du musst halt viele Frösche küssen, bis irgendwann der oder die Richtige auf dein Projekt anspringt.«

»Mag sein«, grummelte er. »Aber hinterher ist das Gejammer dann groß – wie bei *Harry Potter*, den haben auch alle renommierten Adressen zunächst abgelehnt. Ha!« Hein zog eine Grimasse. »Die lecken sich bis heute ihre Wunden – aber warte ab, bis mein Ratgeber die Bestsellerlisten durchwirbelt!«, antwortete der selbst ernannte Nachwuchsschriftsteller vielsagend bis verächtlich.

Auf der Wache gewann indes ein anderes Thema an Brisanz. Die Urlaubsplanung für den Sommer stand an, und auch darin war Hein maßgeblich involviert. Die Belegschaft der Wache hatte sich in den letzten Jahren als erstaunlich fruchtbar erwiesen, was zur Folge hatte, dass die Anzahl der schulpflichtigen Kinder dramatisch angestiegen war. Dementsprechend waren die jungen Väter alle heiß wie Frittenfett, wenn es bei der Planung der Freizeit um die Sommerferien ging. Hein saß, der Verzweiflung nah, über einem Jahreskalender, in dem er alle Urlaubswünsche akribisch aufgeführt hatte.

»Alles Egoisten!«, fluchte er und raufte sich die dünner werdenden Haare. »Die wissen ganz genau, dass es nur drei Wochen am Stück gibt. Trotzdem haben alle vier Wochen Urlaub in den Ferien beantragt und dazu noch das Wochenende davor und danach. Und sobald der Plan steht, kommen die mit Elternzeit und werfen alles über den Haufen.« Er knurrte laut und verfügte: »Getragene Unterhosen werden ab sofort auf der Wache gewaschen, nicht dass sich irgendeine Ehefrau zufällig draufsetzt. Noch eine unverhoffte Vaterschaft verträgt der Dienstplan nicht!« Heins Faust donnerte auf die Tischplatte.

»Der Allerbeste ist übrigens Jürgen. Der hat zwar keine Kinder, aber sein Hundewelpe wäre gerade in der Hundeschule und somit ja auch schulpflichtig. Folglich will er ebenfalls in den Ferien freihaben.«

Für mich wurde es Zeit einzugreifen. Es war schon wieder Wochenende, zwanzig Uhr, und wir besetzten einen Rettungswagen. Die Nacht konnte durchaus unruhig werden, da wäre es unklug, die Zündschnur meines Lieblingskollegen bereits jetzt abbrennen zu lassen.

»Mach mal Pause!«, beschwichtigte ich also und schob zur Ablenkung hinterher: »Apropos, was macht eigentlich dein Kater? Von Mister Mau hast du lange nichts erzählt.«

Hein winkte ab. »Ein klassischer Garfield – frisst, schläft und scheißt. Obendrein eine männliche Diva! Wann gestreichelt und gekuschelt wird, entscheidet er, und beim Futter ist ›wählerisch‹ eine sehr freundliche Formulierung.« Ich bemühte mich bereits darum, mir meine Enttäuschung nicht anmerken zu lassen, dass das Haustierprojekt offensichtlich nicht die von mir erhoffte Wirkung zeigte, als sich Heins mürrischer Tonfall schlagartig ins Liebevolle verkehrte. »Trotzdem bin ich froh, dass ich ihn habe. So wartet jemand auf mich, wenn ich nach Hause komme – vielleicht wird ja noch so ein Männerding draus.« Er zuckte die Achseln. »Auf jeden Fall gibt er mir etwas Struktur.« Dann widmete er sich wieder der Urlaubsplanung.

Für einen Freitagabend war es merkwürdig ruhig, und selbst die Zeit verstrich gefühlt langsamer als sonst.

»Wohl die Ruhe vor dem Sturm ...«, murmelte ich noch in mich hinein, als kurz nach zweiundzwanzig Uhr der erste Einsatz unsere Aufmerksamkeit forderte.

Nachdem der Disponent die Verlegung eines Schlaganfallpatienten aus der hiesigen Neurologie ins zuständige Heimatkrankenhaus angekündigt hatte, tauschten Hein und ich einen ungläubigen Blick, bevor meinem Lieblingskollegen, dem inzwischen jeder Einsatz lästig schien, einmal mehr der Kragen platzte.

»Und das fällt denen jetzt am Wochenende und quasi mitten in der Nacht ein!«, zeterte er, während wir die Wache verließen. »Gehts noch?«

»Einsatz ist Einsatz! Was weißt du, was die für Gründe für die Verlegung haben. Vielleicht haben sie ein paar Notfälle reingekriegt, aber keine freien Betten mehr«, versuchte ich mich an einer erträglichen Erklärung. »Außerdem, sieh es mal so: Während wir den Mann kutschieren, müssen wir uns nicht mit dem üblichen Wochenendprogramm, bestehend aus besoffenen Partyleichen und hässlichen Körperverletzungen, rumschlagen.«

Hein warf mir einen missmutigen Blick von der Seite zu, nickte dann aber. »Ja, schon gut.«

Etwa eine halbe Stunde musste Hein mit Herrn Theuerzahn hinten im Patientenraum verbringen und sich Geschichten aus der frühen Nachkriegszeit anhören, während ich den Rettungswagen durch den Stadtverkehr manövrierte. Auch die Übergabe im Zielkrankenhaus zog sich, verlief jedoch alles in allem unspektakulär. Gut anderthalb Stunden nach Einsatzbeginn standen wir dem Bürger wieder zur Verfügung.

Bereits zwei Minuten später meldete sich die Leitstelle über Funk: »RTW 3-1: Für euch gehts zu einer Drogenintox in die Franz-Klütter-Straße 34, auf den Namen Kaufmann. Einsatzübernahme bitte bestätigen.«

»Intox, Franz-Klütter-Straße 34, Kaufmann – verstanden!«

Während der Anfahrt dachte ich über die angegebene Adresse nach. Mir ging durch den Kopf, dass ich mich nicht erinnern konnte, jemals in dieser Straße einen Einsatz erlebt zu haben, und das, obwohl sie definitiv zu meinem Wachbezirk gehörte.

»Anscheinend gibt es Orte, an denen sich das Notfallgeschehen konzentriert, und andere Gegenden, wo man nie hinfährt«, murmelte ich vor mich hin.

»Wie bitte?«, fragte Hein verwirrt nach.

»Ich meine, in der Franz-Klütter-Straße hatte ich noch nie einen Einsatz, wohingegen ich zur Aachener Straße in den letzten Jahren bestimmt dreißig Mal alarmiert wurde«, erklärte ich.

Hein seufzte tief, bevor er antwortete: »Mal abgesehen davon, dass es vollkommen uninteressant ist – könnte es vielleicht daran liegen, dass die Aachener Straße eine dicht besiedelte Hauptverkehrsachse ist, während in der Franz-Klütter-Straße höchstens vierzig Mehrfamilienhäuser stehen, ergo auch erheblich weniger Menschen wohnen?«

»Mhh, könnte sein ...«, antwortete ich, von Heins messerscharfer Betrachtung leicht angepisst, als ich den Rettungswagen auch schon zum Stehen brachte. Wir hatten die Einsatzstelle erreicht. Altem Baumbestand und Falschparkern sei Dank fand sich in akzeptabler Entfernung keine einzige Parkmöglichkeit, sodass uns keine andere Wahl blieb, als die gesamte Straße zu blockieren, wenn nicht wertvolle Zeit verstreichen sollte.

Die medizinische Ausrüstung war schnell entladen, und Augenblicke später eilten Hein und ich zur Haustür der angegebenen Adresse. Zu klingeln oder sich anderweitig bemerkbar zu machen, stellte sich als nicht erforderlich heraus, denn noch bevor wir die Schwelle zum Hauseingang erreichten, flog die Tür auf. Wir wurden sozusagen erwartet.

Als Erstes begrüßten uns zwei schwanzwedelnde schwarze Labradorrüden, für die die Formulierung »stark übergewichtig« eine süße Schmeichelei gewesen wäre. Die fetten Fellnasen inspizierten uns und unsere Ausrüstung nach Essbarem, während wir uns einen ersten Eindruck von den Haltern machten.

Herr und Frau Kaufmann präsentierten sich wie ihre Hunde ebenfalls im Partnerlook. Beide um die sechzig, er vielleicht mit leichtem Vorsprung. Jeans, gestreifte Oberteile in Blau-Weiß, sie quer, er längs. Nebenbei bemerkt – andersherum wäre vorteilhafter gewesen. Beide mit Kurzhaarfrisur und Brille. Er: grau meliert natur, sie: grau meliert gefärbt, wie der Haaransatz verriet. Er, jeder Kontaktanzeige würdig, schlank, sportlich, sie mit Ansatz zum zweiten Rettungsring. Vermutlich dinierte sie öfter mit den Hunden.

»Sie sind also die Kaufmanns und haben den Rettungsdienst gerufen?«, fragte Hein, um das Eis zu brechen und einen ersten Kontakt aufzubauen.

»Ohne ›s‹, nur Kaufmann, aber sonst richtig«, antwortete Frau Kaufmann und zeigte eine schwer einzuschätzende, wechselnde Mimik. »Sie beiden sind genau die Richtigen!«

Hein und ich wurden hellhörig. Genau die Richtigen? Für wen? Für was? Und überhaupt?

»Fangen wir langsam an«, mischte ich mich ins Geschehen. »Wer von Ihnen ist der Patient?«

»Na ja, irgendwie, also eigentlich ... Wir sind beide Ihre Patienten«, antwortete Herr Kaufmann.

»Was haben Sie sich denn gegenseitig eingeführt, das jetzt nicht mehr ohne Weiteres rauswill? Billardkugeln, Mandarinen, Zierfische?«, fragte Hein, von leidlicher Erfahrung getragen.

»Wir sind auf jeden Fall die Falschen! Wir sind auf jeden Fall die Falschen!«, entfuhr es mir, als das Pärchen im fortgeschrittenen Alter gleichzeitig tief Luft holte, um zu antworten.

»Also, es war so ...«, begann Herr Kaufmann, wurde aber sofort von seiner Frau unterbrochen.

»Wir sind ja beide Kinder der Sechziger, nicht so richtig, aber doch irgendwie – also, obwohl wir keine 68er oder irgendwelche Späthippies sind, wollten wir trotzdem noch mal was ausprobieren. Man liest und hört ja so viel ... Wir können uns übrigens gern duzen, schließlich werden wir die restliche Nacht zusammen verbringen.« What?! Hein neben mir schnappte nach Luft. »Ich bin die Susanne, und das ist der Gregor.« Frau Kaufmann strahlte uns an.

Und während ich noch über den Passus »... schließlich werden wir die restliche Nacht zusammen verbringen« nachdachte, hakte Hein eindringlich nach: »Sie haben meine Frage nicht beantwortet. Was haben Sie sich eingeführt?«

»Eingeführt ist nicht ganz richtig, das sollte später passieren.« Gregor senkte den Kopf und starrte auf seine Füße. »Eingeworfen beschreibt die Sache besser. Um es auf den Punkt zu bringen: Wir haben Drogen eingeworfen. Bunte Pillen, um genau zu sein.«

Hein massierte angestrengt seine Nasenwurzel, und so war es an mir, die Anamnese fortzuführen.

»Bunte Pillen?«, begann ich vielsagend, und die Kaufmanns nickten synchron wie ertappte Geschwister, die heimlich ihre Weihnachtsgeschenke zu früh ausgepackt hatten. »Lassen Sie mich raten. Sie sind zum Bahnhof gefahren, haben nach Pablo Escobar verlangt und dann tausend Pillen Ecstasy und zwei Kilo Kokain bestellt?« Es gelang mir nicht, den leicht ironischen Tonfall aus meiner Stimme zu verbannen.

»So ähnlich. Wir waren im Internet, vielleicht sogar im Darknet, wer weiß das schon so genau in unserem Alter? Jedenfalls haben wir nichts Illegales gemacht«, stellte Susanne Kaufmann klar, auch wenn eine gewisse Unsicherheit in ihren Worten mitschwang. »Das sagt schon der Name, wir haben nur *Legal Highs* bestellt.«

»*Legal Highs?* Das klingt nach einer Serie bei Netflix oder Amazon«, kommentierte Hein. »Aber jetzt mal Butter bei die Fische! Was genau haben Sie sich eingeworfen? Wie viel und vor allem wann? Gestern, heute am Morgen oder gerade eben? Im Augenblick machen Sie beide nämlich keinen sonderlich zugedröhnten Eindruck auf mich«, führte Hein die Patientenbefragung fort.

»Das ist lieb, dass Sie das sagen.« Frau Kaufmann klang aufrichtig. »Eigentlich haben wir auch nur angerufen, weil wir Angst bekommen haben. Genommen haben wir das Zeug nämlich schon am frühen Abend, passiert ist aber so gut wie gar nichts! Mir war höchstens zehn Minuten schwindlig. Dann hat Gregor blöderweise angefangen, Suchmaschinen zu befragen, und seitdem machen wir uns Sorgen. Da ist von Atemstillstand und Todesfällen die Rede. Also, ich bin enttäuscht und drauf und dran zu reklamieren!«

Hein schloss für einen Augenblick die Augen, während er sagte: »Sie haben meine Frage leider wieder nur zum Teil beantwortet, Frau Kaufmann.« Er hob den Kopf und starrte sie an, sodass sie einen halben Schritt zurückwich. »Was genau haben Sie eingeworfen?«

Es war Herr Kaufmann, der schließlich mit halbwegs brauchbaren Informationen aufwartete: »Irgendwas mit Ecstasy, aber pflanzlich – zumindest sollte die Wirkung so ähnlich sein und außerdem unglaublich geil machen ... vier Stück für 29,95 Euro plus Versandkosten. Zwei Stück haben wir noch.«

»Dann mal her damit. Vielleicht steht ja was von Inhaltsstoffen und Dosierung auf der Verpackung«, forderte Hein barsch und winkte fordernd mit der rechten Hand.

Herr und Frau Kaufmann machten zwar nervlich einen leicht angegriffenen Eindruck, von einer gesundheitlich bedrohlichen Situation oder gar akuter Lebensgefahr konnte jedoch wirklich keine Rede sein. Tatsächlich erbrachte die Kontrolle der Vitalparameter altersentsprechende Ergebnisse, sodass ich mich entspannte und zu einem kleinen Scherz hinreißen ließ, der den Einsatzverlauf jedoch drastisch veränderte.

»Haben die Hunde auch was genommen?«, fragte ich mit einem Augenzwinkern und deutete auf die beiden Rüden, die bräsig im Eingangsbereich auf den Fliesen lagen.

»Himmel, nein! Wo denken Sie hin? Aber wo Sie die Hunde schon ansprechen – Biff und Bob haben sich seit dem Nachmittag nicht mehr gelöst, eigentlich können Sie noch mal raus mit den beiden«, stellte Susanne Kaufmann mit herzerfrischender Selbstverständlichkeit fest.

»Ähm, ich habe Sie mit Sicherheit falsch verstanden«, erwiderte ich. »Sie haben nicht angedeutet, dass ich mit Biff und Bob Gassi gehen soll – oder?« Ich spürte, wie der Unglaube mein Gesicht verzog.

»Doch, warum denn nicht? Deshalb haben wir Sie ja gerufen«, setzte die Gute noch eins drauf.

Kennen Sie den Moment, wenn Gespräche plötzlich abreißen und sich eine unangenehme Stille wie Bodennebel ausbreitet? Hein und ich schauten uns gefühlt für mehrere Jahre wortlos an, bis Hein schließlich als Erstes die verbale Paralyse überwand.

»Bitte noch mal, um jedes Missverständnis auszuschließen: *Warum* haben Sie uns gerufen? Damit wir mit Ihren Hunden Gassi gehen?«, fragte er fassungslos, und sein Blick bettelte geradezu nach einer negativen Antwort.

»Irgendwie schon, aber natürlich nicht nur.« Frau Kaufmann schüttelte den Kopf, als sei Heins Frage absurd. »Mein Mann und ich befinden uns jetzt ja quasi im kalten Entzug, und wir haben die Befürchtung, dass einer von uns morgen früh nicht mehr aufwacht. Verstehen Sie? Wir sind in Sorge, und es wird Zeit, dass wir eine Mütze Schlaf bekommen. Deshalb gehen wir jetzt ins Bett, und Sie passen über Nacht auf uns auf.« Sie lächelte mit einer Herzensgüte, die mich auch die letzte Hoffnung aufgeben ließ, dass es sich um einen schlechten Scherz handeln könnte.

»Wir haben schon alles vorbereitet. Im Ofen sind lauwarme Hackbällchen, alkoholfreies Bier findet ihr im Kühlschrank, und wir haben ein paar nette DVDs für euch rausgesucht – Schweinkram ist auch dabei, falls ihr wollt.« Frau Kaufmann zwinkerte uns zu und legte kess den Kopf zur Seite.

Gregor Kaufmann nickte währenddessen und fügte hinzu: »Falls es was zur Sache tut: Wir sind natürlich privat versichert.«

»Natürlich!«, gab Hein zurück, packte einen Teil unserer Ausrüstung und verließ mit den Worten »Abflug! Ich bin zu alt für so 'n Scheiß« das Haus.

So blieb die abschließende Klärung des Sachverhalts an mir hängen, und es folgte eine Diskussion über einen möglichen Transport ins zuständige Krankenhaus und das Unvermögen des Rettungsdienstes, mehrstündige Überwachungen beziehungsweise Betreuungen zu Hause zu leisten, während die vermeintlichen Patienten die Nachtruhe genießen.

Währenddessen draußen vor dem Haus ...

Hein hatte gehofft, dem Wahnsinn zu entfliehen, kam allerdings vom Regen in die Traufe. Unser Rettungswagen war in der vergangenen Viertelstunde zugeparkt worden, und zwar von vorn wie von hinten. Die jeweiligen Fahrer hatten sich zu einem kleinen Wutbürger-Mob versammelt und fielen wie Hyänen im Blutrausch über meinen Lieblingskollegen her, kaum dass er auf den Gehweg trat.

»Haben Sie eigentlich den Arsch offen? Wie kann man ein Fahrzeug bloß so abstellen? Wollen Sie hier übernachten?«, tönte es mehrstimmig. Ein Mittzwanziger, der sich als Jurastudent ausgab, drohte sogar mit einer Anzeige wegen Freiheitsberaubung und Nötigung; und zwei weitere Figuren filmten die Szenerie mit ihren Mobiltelefonen.

Spätestens beim Wort »übernachten« verlor Hein die Beherrschung.

»Sind hier eigentlich alle vollkommen bescheuert? Lasst mich bloß in Ruhe. Oder ist das hier *Versteckte Kamera?*«, brüllte er und blickte dabei irrlichternd in alle Richtungen, auf der Suche nach Kurt und Paola Felix. Obwohl ihn die Umstehenden bedrängten, schaffte er es bis zum Rettungswagen. Er warf die Ausrüstung in den Patientenraum und boxte sich zur Beifahrertür durch. Nachdem er eingestiegen war, schlug er die Tür zu und verriegelte sie von innen. Dann atmete er mehrmals tief durch und vergrub sein Gesicht erschöpft in seinen Händen. »Ich will das alles nicht mehr!«

Wie erwartet lehnten die Kaufmanns den angebotenen Transport in ein Krankenhaus dankend ab. Die Enttäuschung über die meinerseits abgewiesene Kost und Logis war zwar groß, dennoch blieb Susanne und Gregor nichts anderes übrig, als die Nacht allein zu überleben.

Nachdem die auf eigene Verantwortung verweigerte Mitfahrt ausreichend dokumentiert war, packte ich den Rest unserer Gerätschaft ein und machte mich auf den Weg zu Hein, den der Mob noch immer belagerte.

Der angehende Jurist rezitierte schreiend Paragrafen, wobei er sich mit einer Hand auf die Motorhaube des Rettungswagens stützte und mit der anderen anklagend auf Hein deutete. Ein weiterer Mitbürger trommelte mit der flachen Hand auf die Seitenscheibe, und der Rest der Meute war damit beschäftigt, nicht jugendfrei zu fluchen.

Es wurde Zeit einzuschreiten. Gewappnet durch zahllose Fortbildungen zum Thema Deeskalation im Umgang mit Angehörigen und Passanten warf ich mich in die Schlacht.

»Herrschaften, gehts noch?«, brüllte ich, um die Aufmerksamkeit auf mich zu lenken. Gleichzeitig hielt ich den Zündschlüssel wedelnd in die Luft, um zu signalisieren, dass ich Teil der Lösung sein könnte. »Wir wollen alle dasselbe: Wir alle wollen weg von hier. Aber wenn Sie meinen Kollegen teeren und federn, bewegt sich das Fahrzeug keinen Meter. Wie wäre es, wenn Sie alle dahin zurückfahren, wo sie hergekommen sind? Dann machen wir gern Platz – und allen ist geholfen.« Ich warf ermunternde Blicke in die Runde.

Zwar ging es auch bei mir nicht ohne Drängeln, Fluchen und Beschimpfungen, doch irgendwann setzte sich die Logik durch, und nachdem genug Dampf abgelassen war, folgte das aufgebrachte Grüppchen meinem Vorschlag.

Ich fackelte nicht lange, betätigte die Zentralverriegelung und stieg in den Rettungswagen. Hein saß, das Gesicht immer noch in den Händen vergraben, auf dem Beifahrersitz und nahm mich, so glaube ich im Nachhinein, zunächst gar nicht wahr. Ich vergewisserte mich, dass er sich angeschnallt hatte, und startete den Motor. Der Wagen vor uns rollte an, und erleichtert und zumindest körperlich unverletzt verließen wir die Franz-Klütter-Straße.

Keinen Kilometer entfernt brachte ich den Rettungswagen wieder zum Stehen. Wir hatten uns noch nicht einsatzbereit gemeldet, denn es schien mir sinnvoll, erst einmal durchzuatmen.

Zunächst schwiegen Hein und ich, wir brauchten wohl beide einen Moment, um die jüngsten Ereignisse zu verdauen.

»In Umfragen, die die beliebtesten Berufsgruppen ermitteln, schneiden Feuerwehr und Rettungsdienst immer bestens ab. Das Vertrauen zu uns liegt weit über neunzig Prozent. Warum treffen wir im Alltag immer auf die restlichen Mitbürger?«, fragte ich Hein und starrte dabei auf das Lenkrad.

Hein ließ sich Zeit mit einer Antwort, aber dann brach es aus ihm heraus: »Anspruchsdenken, Gassigehen, Übernachtungen, Übergriffigkeiten, Beschimpfungen! Für wen schlagen wir uns eigentlich die Nächte um die Ohren?«

Weil ich spürte, dass er mich ansah, hob ich den Kopf und blickte zurück. Hein wirkte mehr traurig als wütend, was vielleicht noch schlimmer war.

»Ich will das nicht mehr, Jörg. Wir sind doch nicht der Punchingball für die Durchgeknallten der Gesellschaft. Ich brauche eine Kur, 'ne Therapie oder mindestens vier Wochen Urlaub – Frührente ist auch eine Option.«

»Fangen wir mit Urlaub an«, seufzte ich, mindestens so müde wie er, aber weniger frustriert. Klar hatte auch mich diese Nacht Nerven gekostet, und doch gelang es mir bislang, einen Einsatz als erfolgreich zu verbuchen, wenn am Ende genauso viele Menschen am Leben waren wie zuvor.

»Ich hatte doch mal einen gemeinsamen Tauchurlaub angedeutet. Unter Wasser findet die Seele Frieden. Wie wärs mit uns beiden?« Ich ließ meine Augenbrauen spielen und brachte ein schiefes Grinsen zustande.

Mein Lieblingskollege antwortete nonverbal. Er nickte nur.

Der Rettungswagen 3-1 war wieder einsatzbereit, und ich freute mich auf Hein als Tauchbuddy.

Hein und ich tauchen ab

Die Triebwerke des Airbusses brummten monoton, während wir den Luftraum Europas verließen und in gut zehntausend Metern Höhe über das Mittelmeer flogen. Bis zur Ankunft in Ägypten würde es noch eine Weile dauern, und so döste ich im Halbschlaf vor mich hin, während Hein zum siebten Mal gelangweilt den Duty-free-Katalog und die Karte mit den Sicherheitshinweisen studierte.

Kraft seines Amtes hatte mein Lieblingskollege die Urlaubsplanung, sagen wir, positiv beeinflusst, und ich hatte kurz entschlossen eine Tauchsafari im Roten Meer für uns gebucht. Sieben Nächte auf einer stolzen Jacht mit dem schönen Namen *Drunken Dolphin* und vorweg zwei Nächte in einem Hotel in Port Ghalib unweit des Hafens – aus Sicherheitsgründen.

»Ich komme doch nicht auf den letzten Drücker an, um dem Boot dann nur noch hinterherzuwinken«, hatte Hein gemeint und mir vorgerechnet: »Wir landen achtzehn Uhr Ortszeit in Marsa Alam, und um zwanzig Uhr soll das Boot ablegen. Am Nil ticken die Uhren anders, das kann nur schiefgehen! Also buch gefälligst mit Puffer.«

Ich war einverstanden, denn auf zwei Tage mehr oder weniger kam es nicht an.

»Was kostet die Welt – wir zahlen bar«, hatte ich lapidar geantwortet, und mein Reisebegleiter war zufrieden.

Sein Sitzplatz im Flieger bereitete Hein indes weniger Freude – Reihe 37, Platz B, bedeutete, dass er die Mitte der Sitzreihe erwischt hatte. Den Fensterplatz belegte ein Asiate mit fürchterlichem Mundgeruch, und den Sitz am Gang hatte das Boarding-System mir zugelost.

Hein hatte mich angebettelt zu tauschen, und obwohl mir sein Wohlergehen ja sehr am Herzen lag, hatte ich abgelehnt. »Auf keinen Fall! Wenn ich fliege, muss ich alle halbe Stunde auf die Toilette.« Das entsprach zwar nicht den Tatsachen, verschaffte mir jedoch Gelegenheit, zwischendurch mal die Beine im Gang auszustrecken; was ich fair fand, wenn man bedachte, dass ich ein paar Zentimeter größer bin als Hein. Dass sich meine kleine Notlüge noch bitterlich rächen sollte, konnte ich ja nicht ahnen.

Als wir die Küstenlinie Nordafrikas erreichten, wurde es für die Bordbegleitung Zeit, eine letzte Erfrischung anzubieten. Wer kann schon Tomatensaft mit Salz und Pfeffer widerstehen? Allerdings bekam ich davon nichts mit. Viel zu tief hatte ich mich in Morpheus' Arme fallen lassen, bis mich plötzlich ein unsäglicher Schmerz durchfuhr. Jeder verfügbare Botenstoff in meinem Körper schoss in Nanosekunden ins Hirn, um auch der letzten verschlafenen Synapse mitzuteilen, dass unser Flieger soeben in die Cheopspyramide eingeschlagen war und ich jetzt den Aufprall genießen durfte.

Ganz so dramatisch stellte sich die Situation dann doch nicht dar. Maya, unserer Chefstewardess, war lediglich der lauwarme Kaffee ausgegangen. Um Nachschub zu holen, war sie samt ihrem Trolley Richtung Bordküche geeilt und hatte dabei mein in den Gang ragendes Knie übersehen, sodass der fahrbare Aluminiumcontainer meine Patella mit voller Wucht traf. Ich schrie wie am Spieß.

»Ich würde ja die 112 anrufen – aber mein Mobiltelefon ist im Flugmodus.« Hein lachte herzhaft. »Junge, du verletzt dich sogar im Schlaf – das hast du jetzt von deinem Platz am Gang!«

Maya entschuldigte sich tausendfach, doch ihre Worte erreichten mich kaum. Mit Sternen vor den Augen versuchte ich vorsichtig, mein rechtes Bein, das sich wie ein Würfelbecher anfühlte, anzuwinkeln und wieder auszustrecken – unter Schmerzen und Gefluche gelang die Bewegung, und ich schöpfte Hoffnung, mit einer fetten Prellung davonzukommen.

Nach der Landung humpelte ich zum Counter und ließ die Einreiseformalitäten über mich ergehen. Visa kaufen, Kontrolle der Einreisekarte, Stempel in den Reisepass, vorbei an schnarchenden Sicherheitsleuten, die ihr Sturmgewehr als Kopfkissen benutzten, Taxifahrer abwimmeln und aus fünfzig schreienden Ägyptern denjenigen identifizieren, der wirklich für den Transfer zum Hotel zuständig war. Alles lief reibungslos. Keine zwei Stunden nach der Landung erreichten wir samt vollständigem Gepäck in einem maximal klimatisierten Minibus das erste Haus am Platz.

Mein Knie tat durchaus noch weh, als ich aus dem fahrbaren Kühlschrank stieg, die Chefstewardess hatte mir eine längere Erinnerung geschenkt, aber ich wollte nicht ewig jammern. Hein hatte damit geprahlt, er wäre vor Jahren mit einem mehrfachen Bänderriss tauchen gewesen, also hieß es ab jetzt, Zähne zusammenbeißen und den Urlaub genießen.

Die als riesige Kuppel gebaute Lobby war imposant, und eine breite Glasfront trennte die Rezeption vom Eingangsbereich. Im Glauben, dass Drücken und Ziehen im Leben alle Türen öffnet, griff ich beherzt nach einem Metallbügel und zog daran. Die ebenfalls in Glas ausgeführte Tür reagierte mit einem bedrohlichen Vibrieren, blieb jedoch geschlossen – ergo musste Drücken die Lösung sein, doch erneut versperrte mir die Glastür, heftig vibrierend, den Zutritt. Abwechselnd zog und drückte ich zunehmend kraftvoller, bis mir die Mitarbeiter hinter dem Tresen im Inneren der Rezeption auffielen, die aufgeregt mit den Armen ruderten und noch andere merkwürdige Bewegungen vollzogen.

»Entweder die freuen sich tierisch, dass wir kommen, oder die wollen uns nicht reinlassen! Ich kann es nicht deuten«, meinte ich verunsichert zu Hein, als der in schallendes Gelächter ausbrach.

»Du bist so ein Depp! Auf der Tür steht *slide!* Du musst schieben!«, brachte er luftnötig hervor, um mich im Anschluss weiter auszulachen.

Damit hätte es für diesen Tag meinetwegen gut sein können, doch als wir zehn Minuten später die Rezeption durch eine andere Tür in Richtung der Zimmer verlassen wollten, gab ich mich endgültig der Lächerlichkeit preis. Als lernfähiger Mensch wollte ich die Türe aufschieben – diesmal wäre Ziehen die Lösung gewesen. Jetzt lachten sogar die Kofferträger.

Der nächste Tag stand dafür ganz im Zeichen der Entspannung. Bevor es morgen zum Tauchboot gehen sollte, hatten Hein und ich beschlossen, den Hotelpool und die zugehörige Bar in Beschlag zu nehmen. Aber ganz ehrlich: Man musste schon einen ausgeprägten Sinn für Realsatire haben, um sich dem dortigen Treiben hinzugeben. Ein zum Animationsensemble gehörender kleinwüchsiger Kerl versuchte, uns penetrant zum Volleyballspiel zu überreden, was ich glücklicherweise mit Hinweis auf mein lädiertes Knie ablehnen konnte.

»Der ist bestimmt eine Wucht am Netz«, kalauerte Hein, und ich freute mich, dass er offensichtlich seinen Humor wiederfand. Die Tatsache, dass wahlweise sehr blasse oder, im Gegenteil, von der Sonne knallrot verbrannte, adipöse Engländer unter Anleitung einer durchtrainierten Spanierin versuchten, den *Gangnam Style* zu tanzen, ließ sich allerdings trotzdem nur unter massivem Einsatz von lokalen alkoholischen Getränken ertragen. Von ägyptischem Gin berauscht, fielen Hein und ich irgendwann ins Bett und träumten von den bevorstehenden Tauchabenteuern.

Beim Verlassen des Hotels am nächsten Morgen achteten die Angestellten peinlich darauf, dass ich keinem Türgriff zu nahe kam, ansonsten fiel die Verabschiedung, dem Trinkgeld entsprechend, durchaus herzlich aus. Das Gepäck lieferte man uns zum Boot, und so machten Hein und ich uns unbeschwert auf den Weg in den Hafen. Keine Viertelstunde später flanierten wir auf der Suche nach der *Drunken Dolphin* an der Kaimauer entlang und wurden alsbald fündig.

Da lag sie stolz und schön zwischen circa einem Dutzend anderer Tauchjachten im Hafenbecken und strahlte in der Mittagssonne mit ihnen um die Wette.

Hein musterte unser maritimes Heim genauer und kam wenig später zu einem vernichtenden Ergebnis: »Junge, was hast du denn da gebucht? Mit dem Seelenverkäufer können wir gleich die Wracktour fahren und uns zu den anderen versunkenen Schiffen gesellen. Das Ding wird nur von Lack, Rödeldraht und Klebeband zusammengehalten!«

»Jetzt übertreib nicht«, verteidigte ich meine Wahl. »Zugegeben, hier liegen schönere Boote, mag sein – aber erstens war es günstig und zweitens kurzfristig verfügbar. Außerdem, wie heißt das alte Sprichwort: ›Im Sturm zeigt sich, was ein gutes Boot ist‹, oder so ähnlich. Von Schickimicki und poliertem Chrom können wir uns nichts kaufen.« Mit diesen Worten betrat ich die breite Holzplanke, die das Boot mit der Kaimauer verband. Hein vergrub die Hände in den Hosentaschen und folgte mir.

Unsere Ankunft beziehungsweise die ungefragte Enterung des Bootes blieb nicht lange unbemerkt. Aus einer schattigen Ecke des Decks traten zwei braun gebrannte hagere Männer. Der eine offensichtlich ein Einheimischer, der andere dem Anschein nach eher Mitteleuropäer.

»Guten Tag! Willkommen an Bord. Sie sind vermutlich unsere Gäste. Hein und Jörg aus Deutschland – oder? Ihr Gepäck ist eben angekommen«, begrüßte uns der Ägypter in nahezu akzentfreiem Hochdeutsch mit einem Augenzwinkern.

Hein nickte leicht verblüfft, bevor der andere die Begrüßung schwäbelnd fortsetzte: »Mohammed aus Luxor, und ich bin der Andy aus Stuttgart. Wir beide sind eure Tauchguides und in allen Fragen eure Ansprechpartner. Ihr seid die Ersten. Die anderen Gäste kommen im Laufe des Tages. Für euch heißt das: freie Auswahl bei der Wahl der Kabine. Ich schlage vor, ihr zieht euch die Schuhe aus und folgt mir unter Deck.«

Unsere Flipflops flogen in einen Sammelkorb, wir würden sie den Rest der Woche nicht mehr brauchen.

Das wohlige Gefühl warmer Holzplanken unter den Füßen änderte sich im Salon. Alle innen liegenden Flächen zierte beigefarbene Auslegeware, die seit dem Stapellauf im Jahr 1989 vermutlich noch nie gewechselt worden war. Hein dachte offensichtlich dasselbe.

»Soll ich mal fragen, wann der Teppich zuletzt gereinigt oder desinfiziert wurde? Nur wegen Fußpilz und so ...«, flüsterte er leicht angeekelt, während wir eine steile Holztreppe abwärts stiegen, um in den Rumpf zu gelangen.

»Verdirb uns nicht den Urlaub! Wir tauchen im Roten Meer. Salzwasser! Verstehst du? Da hat Fußpilz keine Chance!«, raunte ich zurück und legte anschließend meinen rechten Zeigefinger auf meine Lippen.

Hein verstand und gab sich mit meiner Erklärung zufrieden. »Sie brauchen uns nicht jede Kabine zu zeigen. Wenn wir die Wahl haben, nehmen wir die Bugkabine ganz vorn. Weit weg vom Motor und der Schraube.«

»Ganz wie ihr wollt«, antworte Andy jovial und vollzog eine einladende Handbewegung, die zum Bug deutete.

»Du bist so clever«, meinte Hein, aber sein Tonfall war nicht frei von Ironie.

Nachdem wir uns in der Kabine häuslich eingerichtet und unsere Tauchausrüstung ausgepackt und montiert hatten, zeigte die Schiffsuhr fünfzehn Uhr Ortszeit. Hein bestand darauf, präventiv die Taucherkrankheit zu behandeln, mit anderen Worten, wir gönnten uns ein paar eiskalte Dekompressionsbierchen auf dem Oberdeck und warteten auf das Eintreffen weiterer Gäste.

Vom Nachmittag bis zum frühen Abend trudelten in unregelmäßigen Abständen 14 weitere Liebhaber der Unterwasserwelt ein, darunter zwei Tauchkumpels aus Bayern und zwei von der Nordseeküste, Herr und Frau Mayerdick, bei denen der Nachname durchaus zur Figur passte, Lutz, ein auf Anhieb unsympathischer Österreicher, vier hübsche Schwedinnen namens Ida, Ella, Alma und Wilma, zwei Menschen, die sich als Darling und Sweety vorstellten und wie vergessene Pornostars wirkten, und nicht zuletzt Onkel Mathes, ein über achtzigjähriger Hüne, der mit beeindruckendem Bierbauch das Rote Meer unsicher machen wollte.

Der erste Abend stand ganz im Zeichen des gegenseitigen Kennenlernens. Es wurde Small Talk gehalten und abgeschätzt, mit wem man in den nächsten Tagen am Tisch sitzen beziehungsweise wem man besser aus dem Weg gehen wollte. Zu Letzteren gehörte definitiv Lutz, der bereits eine Stunde nach Ankunft versuchte, der Crew einen Deutschkurs zu verpassen.

»Nachsprechen: Frrüüühhhhstüüücksei«, sagte er lang gezogen einem jungen Ägypter vor, der nicht im Geringsten verstand, was Lutz von ihm wollte, aber dennoch freundlich lächelte.

Optisch waren Darling und Sweety das Highlight. Er, braun gebrannter Ex-Bodybuilder mit tätowierten Adidasstreifen auf den Außenseiten der Oberschenkel, und sie eine junge Frau mit so viel Silikon im Körper, dass ich mich fragte, ob sie beim Tauchen trotz aller Bleigewichte überhaupt untergehen würde.

Irgendwann unterbrach die Schiffsglocke sämtliche Gespräche, und man versammelte sich im Salon der *Drunken Dolphin.* Es folgte eine Ansprache von Mohammed und Andy, die die Vorstellung der Crew beinhaltete, den Verlauf der Tauchsafari, Einhaltung der Regeln an Bord sowie wichtige Sicherheitshinweise, aus denen unter anderem hervorging, dass der Notausgang aus den Kabinen unter Deck durch unsere Bugkabine führte.

»Super! Wenn einer Angst bekommt, rennt der durch mein Bett!«, kommentierte Hein und schaute mich vorwurfsvoll an. Ich beschloss, das zu ignorieren.

»... Wir laufen um zwanzig Uhr aus, und morgen früh um acht machen wir einen *Checkdive* in der Bucht von Abu Dabbab.« Damit schloss Mohammed die einführenden Worte und überließ den Gästen die restliche Abendgestaltung.

Während die *Drunken Dolphin* ablegte und Port Ghalib vorbei an einem futuristischen Hafenamt in Richtung Süden verließ, untermalten wir die allgemeine Urlaubsstimmung auf dem Oberdeck mit gemütlichen Bierchen und Heldengeschichten. Die Tauchgänge der Vergangenheit wurden dabei immer tiefer, die Haie größer und die Strömungen zunehmend gefährlicher. Obwohl es irgendwann Zeit für die Koje wurde, war an Schlaf nicht zu denken. Mein Knie schmerzte trotz Alkohol und Schmerztabletten immer noch, der Schiffsdiesel brummte unentwegt und die vergessenen Pornostars, die die Nachbarkabine bezogen hatten, vögelten bis zum Morgengrauen und gaben zumindest akustisch dabei wirklich alles.

Der erste Tauchtag

Der Koch zauberte ein bombastisches Frühstück in einer Kombüse, die nicht größer war als mein Gäste-WC in Deutschland, und nachdem die versammelte Tauchgemeinde satt war, hieß es, sich auf den *Checkdive* vorzubereiten.

Wie der Name schon sagt, gibt dieser Tauchgang Gelegenheit, noch einmal die Ausrüstung zu prüfen, die notwendigen Bleigewichte anzupassen und sich mal wieder an den Stickstoff im Blut zu gewöhnen. Danach sollte man halbwegs selbstständig untergehen, eine Tauchsafari ist schließlich kein Kurs, bei dem der Tauchguide permanent Händchen hält.

Umso erstaunlicher war, was Hein und ich dann auf dem Tauchdeck beobachten durften: Onkel Mathes schaffte es aufgrund seiner Leibesfülle nicht, ohne Hilfe in seinen Neoprenanzug zu schlüpfen. Dabei ging es nicht darum, dass er den Reißverschluss im Rücken nicht selbst schließen konnte, nein, das bereitete einigen von uns Schwierigkeiten. Obwohl das Ding maßangefertigt und mit Mathes' Initialen versehen war, scheiterte er bereits daran, die Füße in die Beine einzufädeln. Also mussten Andy und Mohammed ran, und das war bei Gott ein unwürdiges Schauspiel. Um die Gleitfähigkeit zu erhöhen, schmierten sie Onkel Mathes' Beine großzügig mit Spülmittel ein und steckten seine Füße obendrein in Plastiktüten. Während der betagte Tauchveteran auf einer Bank saß, zerrten Andy und Mohammed jeweils an einem Bein des Anzugs, um das Ding wenigstens bis auf die Hüfte zu kriegen. Das unwürdige Schauspiel wiederholte sich mehrmals täglich, und ich schwöre, dass ich so etwas niemals zuvor und auch niemals wieder nach dieser Woche erleben durfte.

Ansonsten fielen erneut Darling und Sweety durch ihren Aufzug auf. Er durch eine Haifischflosse aus Kunststoff an seiner Kopfhaube, sie durch rosafarbene Flossen. Einer der Jungs von der Nordseeküste kommentierte das so passend wie vielsagend: »Wenn die Farbe der Flossen zum Lippenstift passt, weiß ich Bescheid.«

Wenig später fielen 16 Taucher samt Guides ins Rote Meer. Zwar schäumte Onkel Mathes ordentlich während des Abtauchens, aber abgesehen davon gestaltete sich der erste Tauchgang als hübscher Einstieg. Sogar mein Knie beruhigte sich und stellte endlich den pochenden Schmerz ein.

Unter Tauchern gilt das Motto »*Dive – eat – sleep – repeat*«, und daran hielten wir uns und stiegen um dreizehn Uhr einige Seemeilen südlicher ein zweites Mal ins angenehm kühle Nass. Es herrschte kaum Strömung, wir überquerten einen schönen Korallengarten und grüßten ein paar Schildkröten, viele bunte

Fische und einen kapitalen Napoleon. Beste Bedingungen also und alles, was das Taucherherz begehrt.

Einzig Onkel Mathes bereitete mir Sorgen. Vom Tarieren schien er nämlich nicht viel zu halten und pendelte ständig zwischen fünf und fünfundzwanzig Metern Tiefe hin und her. Gesund konnte das nicht sein, aber es oblag Mohammed und Andy, das zu korrigieren, und so mischte ich mich nicht ins Geschehen ein – ich hatte frei.

Zurück an Bord gab es erst mal Kaffee und Kuchen, während Mohammed einen Nachttauchgang ankündigte und zum entsprechenden Briefing um achtzehn Uhr dreißig einlud. Es war Frau Mayerdick, die mit der Frage »Wir tauchen auch noch nachts? Wann fahren wir denn dann zurück in den Hafen?« zur allgemeinen Belustigung beitrug.

Leider war, was alle für einen Scherz hielten, ihr vollkommener Ernst. Offensichtlich hatte ihr Herr Mayerdick den Verlauf der Reise etwas anders angekündigt als gebucht. Wie auch immer, das Ehepaar hatte ab jetzt Redebedarf, und Frau Mayerdick, die latent unter Seekrankheit litt, ernährte sich künftig hauptsächlich von pharmazeutischen Mitteln gegen Übelkeit.

Die anschließende Nacht ist schnell beschrieben: Darling und Sweety gaben erneut alles, sodass an erholsamen Schlaf wieder nicht zu denken war.

Der zweite Tauchtag

Entweder war mir der Nachtisch am Abend auf den Magen geschlagen oder der Schlafentzug hatte meinen Darm durcheinandergebracht. Auf jeden Fall fühlte ich mich aufgrund von nicht kalkulierbarem Stuhlgang nicht tauchtauglich, was Hein in die Verlegenheit brachte, einen neuen Buddy zu benötigen, weil es nur paar- oder grüppchenweise abwärts ging. Während ich mich noch wortreich entschuldigte und versprach, bis morgen unbedingt wieder fit zu sein, zeigte der erfahrene Andy ein gutes Gespür für die zwischenmenschlichen Dinge und ließ meinen Lieblingskollegen gemeinsam mit den vier Schwedinnen abtauchen.

Die Mutation zum Gentleman vollzog sich binnen Sekunden. Hein stellte sich höflich vor, bot mit Händen und Füßen und gebrochenem Englisch seine Hilfe an, trug Bleitaschen und prüfte den Sauerstoffgehalt in den Atemluftflaschen. Außerdem sorgte er dafür, dass Lutz seine merkwürdigen Deutschkurse – heute durfte die Crew das Wort »Maaarmeeeelaaaadeeee« lernen – nicht auch noch auf die liebreizenden Skandinavierinnen ausdehnte. Kurz gesagt, Andy hatte ein charmantes Monster geschaffen, das ab sofort über und unter Wasser die vier Schwedinnen beschützte.

Dabei hatte es Alma meinem Lieblingskollegen besonders angetan. Dass Hein sie ins Wasser springen ließ, anstatt sie sanft herabzulassen, war schon ein kleines Wunder. Immerhin fiel seine Fürsorge offensichtlich auf fruchtbaren Boden, denn auch Alma umgarnte Hein, wo sie konnte.

Während alle anderen die wunderbare Unterwasserwelt genossen, machte Mohammed mich mit der Bordapotheke vertraut.

»Nimm das hier! Du hast ägyptischen Durchfall, also brauchst du auch ägyptische Medikamente.« Mit diesen Worten reichte er mir die Packung eines lokalen Präparates, dessen Wirkstoff in Europa höchstens in der Veterinärmedizin bei Pferden eingesetzt wird. Aber was soll ich sagen – das Zeug half, binnen

Stunden ging es mir besser. Den heutigen Tag konnte ich zwar abhaken, doch spätestens morgen würde ich wieder ins Wasser steigen können.

Zwischen Alma und Hein funkte es derweil gewaltig. Nach glaubhaften Schilderungen der bayrischen Tauchkumpels hatten die beiden den letzten Tauchgang des Tages händchenhaltend absolviert und wären zur Not auch mit einem Atemregler ausgekommen. Ich freute mich für meinen Lieblingskollegen, viel zu lange schon suhlte er sich in seinen misanthropischen Gedanken – eine kleine Urlaubsaffäre konnte ihm nur guttun.

Der dritte Tauchtag

Wenn man nur eine Woche zum Kennenlernen hat, darf man gewisse Dinge nicht auf die lange Bank schieben, also hatte Hein mich gebeten, die Nacht auf einer Sonnenliege auf dem Oberdeck zu verbringen. Da ich nicht als Spielverderber dastehen wollte, entsprach ich seiner Bitte, vorausgesetzt, er würde im Anschluss für neue Bettwäsche sorgen. Außerdem konnte ich auf diese Weise dem Geschrei und Gestöhne von Darling und Sweety entfliehen, und Zeuge von Heins Liebesspiel wollte ich nun wirklich nicht werden.

»*Dive – eat – sleep – repeat*« bestimmte weiterhin den Tagesablauf, und alle an Bord (außer Frau Mayerdick) waren glücklich, bis ein kleiner Tauchunfall plötzlich für Aufsehen sorgte.

Onkel Mathes war aus circa zwanzig Metern Tiefe, unter Missachtung eines dreiminütigen Sicherheitsstopps auf fünf Metern, wie eine Boje an die Oberfläche geschossen und dümpelte zwischen den Wellen. Nachdem ein Beiboot ihn zurück auf die

Drunken Dolphin gebracht hatte, lag er nun da. Desorientiert, von Jucken am ganzen Körper, auch als Taucherflöhe bezeichnet, geplagt. Natürlich war es an Hein und mir, Erste Hilfe zu leisten – als Notfallsanitäter hat man halt nie wirklich frei. Onkel Mathes bekam Sauerstoff, Flüssigkeit und Ruhe verordnet, und Andy und Mohammed diskutierten mit dem Kapitän die Versorgung von Onkel Mathes in einer Druckkammer an Land.

Der Rest der Gäste war natürlich in Sorge, bis es dem Tauchveteran nach einer guten Stunde bereits entschieden besser ging und er die Behandlung in einer Druckkammer vehement ablehnte.

»Freunde, stellt euch nicht so an, so was hab ich schon zehnmal erlebt«, winkte er ab. »Seid mal nicht so empfindlich. Ich mache einen Tag Pause, und dann ist die Unterwasserwelt wieder in Ordnung.«

Andy und Mohammed waren anderer Meinung. Nach telefonischer Rücksprache mit einem Taucharzt durfte Onkel Mathes zwar an Bord bleiben, das mit dem Tauchen hatte sich für ihn jedoch vorläufig erledigt.

Hein stimmte die ganze Sache melancholisch: »Wir können irgendwie nie aus unserer Haut, oder?«

»Hier sagt man, glaube ich, *inschallah* dazu«, antwortete ich und übernahm die Aufsicht darüber, dass Onkel Mathes innerhalb der nächsten Stunde einen weiteren Liter alkoholfreies Bier trank.

Der vierte Tauchtag

Wind kam auf, die See wurde langsam rauer, aber noch waren die Bedingungen akzeptabel. Unter Wasser war vom Seegang nichts zu spüren, also sprang ins Wasser, wer immer konnte. Pharaos Rache hatte einen der Bayern, die Jungs von der Nordseeküste und zwei Schwedinnen auf die Toiletten verbannt, der Rest der Truppe jedoch vergnügte sich mit Riffhaien, Anemonenfischen, Blaupunktrochen und Steinfischen, die auf irgendwelchen Felsen auf Beute warteten.

Höhepunkt dieses Tages waren die Mayerdicks, denen es bei zunehmendem Wellengang schwerfiel, die Aluminiumleiter des Bootes zu erklimmen.

Alma, Wilma, Hein und ich machten uns einen Spaß daraus, grundsätzlich nach ihnen aufzutauchen, um an der Wasseroberfläche dem Schauspiel beizuwohnen. Die aufgeblasenen Tarierwesten ließen uns wie Korken treiben, während wir die Szenerie bestaunten, die an eine Kombination aus Loriot, Mister Bean und Monty Python erinnerte.

Zunächst versuchte das übergewichtige Ehepaar, die Leiter mit Flossen zu besteigen, aber das ist schon ohne überflüssige Pfunde eine kleine Herausforderung. Immer wieder fielen beide rücklings ins Wasser zurück, und Hein klatschte schadenfroh lachend auf die halbmeterhohen Wellen. Mich ließen Herr und Frau Mayerdick an Dugongs, seekuhartige Meerbewohner ohne Arme, denken, und auch ich musste herzhaft lachen.

Schließlich kamen die beiden auf die Idee, die Flossen auszuziehen und sie aufs Deck des Bootes zu schleudern. An sich kein schlechter Gedanke, allerdings wurde das Paar nun vom stärker werdenden Wellengang abgetrieben und schaffte es ohne die Vortriebshilfen nicht, die Leiter zu erreichen. Am Ende vom Lied zogen unsere treuen Guides die Treibenden mit einer Leine zurück zum Boot, wo sie abgekämpft dann doch noch die Sprossen erklommen.

Herr Mayerdick verfluchte lauthals das Rote Meer, das davon aber nicht einmal Notiz nahm, und seine Angetraute übergab sich beeindruckend auf das Tauchdeck.

Der letzte Tauchgang des Tages musste witterungsbedingt ausfallen, und der Kapitän, den seine Crew nur Anubis nannte, informierte uns darüber, dass die Nacht unruhig werden könnte. Nicht nur Frau Mayerdick stöhnte.

Die *Drunken Dolphin* nahm Kurs Richtung Norden, als bei ordentlichem Wellengang das Abendessen serviert wurde. Die ein oder andere Beilage landete dabei durch schwankenden Gang auf dem Teppich, was Hein, inzwischen wieder glückselig, nur noch mit einem gut gelaunten »Lass liegen – tritt sich fest« kommentierte. Erstaunlich, welch Sinneswandel die schwedische Ablenkung bewirkte!

Wenig später war es Zeit für die Koje, und mein frischverliebter Kollege war sich nicht zu schade, mich erneut darum zu bitten, die Kabine zu räumen. In Anbetracht der unruhigen See lehnte ich diesmal jedoch ab. Auch Wilma erklärte, dass sie bei solch schwerem Wetter ebenfalls nicht auf einer Sonnenliege übernachten würde, sodass Alma und Hein nichts anderes übrig blieb, als in ihren zugewiesenen Kojen zu schlafen. Mein Mitleid hielt sich in Grenzen, schließlich hatte ich einen ausgeklügelten Plan für die Nacht entwickelt: Während draußen der Wind heulte und warme Saharaluft vor sich hertrieb, sollte mich drinnen der Wellengang sanft in den Schlaf wiegen. Um einem Absturz auf den Kabinenboden vorzubeugen, klemmte ich mein Laken zwischen Matratze und Holzgestell ein und hielt außerdem meine Schwimmweste griffbereit – als Feuerwehrmann ist man nun mal gern für jeden Fall der Fälle vorbereitet.

Wie üblich sollte es anders kommen. Schon von »sanft in den Schlaf wiegen« konnte keine Rede sein. Den saisonal auftretenden Sturm, der über uns hinwegfegte, nennen die Ägypter »Kamsin«, und der hatte es in sich. Gegen zweiundzwanzig Uhr schlug ein Brecher gegen das Boot, der Teile der Holzvertäfelung in unserem Schlafgemach von der Decke fallen ließ. Außerdem rächte sich nun bitter die Wahl der Bugkabine, denn ähnlich wie bei einer Wippe sind auch bei einem Boot die Bewegungen an den Enden, sprich Bug und Heck, am größten: Jedes Mal, wenn die *Drunken Dolphin* den Scheitelpunkt einer Welle erreichte, hob ich leicht von der Matratze ab, nur um nach einem winzigen Moment der Schwerelosigkeit im Wellental wieder aufzuschlagen. Nach zwei Stunden gab mein Gleichgewichtssinn auf. Ich bemühte mich, die Toilette zu erreichen, konnte mich aber nicht auf den Beinen halten und kübelte das Abendessen gegen unsere Kabinentür.

Hein hatte sich mit Händen und Füßen in seiner Koje eingekeilt, doch auch er sah reichlich angegriffen aus. Mein Erbrochenes, das langsam an der Holztür herabfloss, tat sein Übriges, und so folgte Hein meinem Beispiel, was beileibe keine Schande war.

»Alter, wir müssen hier raus! Ich werde nicht im Bauch von diesem Kahn ersaufen, verstehst du?«, entschied mein Lieblingskollege nach vollendeter Entleerung. »Die Scheiße hier geht schief – wir müssen die Schwedinnen retten!« Er wischte sich den Mund an meiner Schwimmweste ab und verließ unsere Kabine. Ich folgte auf dem Fuße, ohne an die nächste Welle zu denken.

Einen Augenblick später lagen wir beide im Flur unter Deck auf dem Bauch und spürten, wie im Rhythmus der Wellen Wasser durch den Rumpf rollte.

»Unser Leben hängt an der Lenzpumpe!«, schrie ich, der Panik nah.

»Unser Leben hängt an unserer Tauchausrüstung! Ich hole die Mädels, kümmer du dich um die Klamotten!«, schrie Hein zurück.

Über die steile Treppe kämpfte ich mich in den Salon hinauf. Dort saßen Lutz und die Mayerdicks am Boden und klammerten sich jammernd an runde Holzstreben. Ich ließ sie sitzen und schwankte hinaus auf das Tauchdeck. Irgendetwas in mir trieb mich zum Ruderhaus, ich wollte einen stolzen Kapitän sehen, der sein Schiff in aller Gelassenheit durch den Sturm steuerte, doch der Anblick, der sich mir bot, war leider alles andere als beruhigend. Im Ruder steckte eine morsche Dachlatte, die irgendjemand irgendwo am Boden verkeilt hatte, und auf dem Boden kniete der Koch und betete gen Osten.

Spätestens jetzt war auch mir nach Beten zumute, aber ich dachte an Heins Worte. Sollte dieses Boot heute Nacht untergehen, so war unsere Tauchausrüstung wahrlich die beste Option.

Keine Minute später eilten Ida, Ella, Wilma und Alma, angeführt von Hein, auf das Tauchdeck, und gegenseitig halfen wir uns in die Tarierwesten, an denen womöglich jetzt unser Leben hing.

Hein verfluchte mich und schrie aus Leibeskräften gegen den Kamsin an: »Du verdammter Scheißkerl, es musste ja unbedingt ein Tauchurlaub sein! Und dann den allerletzten Kahn buchen – dämlicher Geizhals! Nicht zu vergessen die Bugkabine! Wer kümmert sich um meinen Kater, wenn mir was passiert, du dumme Sau?«

Heins Beleidigungen perlten an mir ab, denn ich hatte das blöde Gefühl, dass es ohnehin keine Rolle mehr spielte, was mein Lieblingskollege von mir dachte. Mit der nächsten Welle klatschte uns allen Wasser ins Gesicht, und als ich wieder sprechen konnte, brüllte ich: »Sieh es mal so: Wenn wir heute ertrinken, musst du nie wieder blödsinnige Einsätze abarbeiten. Außerdem hast du Alma kennengelernt! Es heißt, aus Extremsituationen entstehen stabile Beziehungen. Ist das nichts, du undankbares Arschloch? Und außerdem sind wir noch nicht tot.«

Gegen zwei Uhr saßen, von Onkel Mathes abgesehen, alle Gäste in ihrer Tauchausrüstung auf dem Deck und warteten auf den Untergang. Während wir jeden Moment damit rechneten, Poseidon leibhaftig gegenüberzutreten, fragte ich mich, was mit unserem unerschrockenen Veteranen wohl passiert war. Stunden später beruhigte sich das Wetter. Der Himmel klarte auf, und mit dem Morgengrauen erschien die Sonne am Horizont.

Der fünfte Tauchtag

Der Tag begann mit einer guten Nachricht. Onkel Mathes war nicht über Bord gespült worden und im Roten Meer verschollen, nein, dank einiger ägyptischer Schlaftabletten hatte er die Nacht in Ruhe und Frieden verbracht. Die allgemein etwas aufgekratzte Stimmung konnte er überhaupt nicht nachvollziehen.

»Ich soll ja nicht mehr! Aber ihr? Ab ins Wasser mit euch!«, befahl er, doch Lust zum Fischegucken hatte niemand. Das Gefühl, die Nacht überlebt zu haben, trug uns durch den Tag, da wollte keiner von uns den lieben Gott mit der Ausübung einer Risikosportart unnötig provozieren.

So beschäftigten wir uns zunächst damit, unsere leichten körperlichen Blessuren zu verdauen und wieder so etwas wie ein Urlaubsgefühl aufkommen zu lassen. Wir tauschten Heldengeschichten der vergangenen Nacht, Hein und Alma belagerten den Whirlpool und befummelten sich, die Bayern tranken Bier mit den Jungs von der Küste, die Mayerdicks lasen, und Lutz, der Ösi, nutzte die Gelegenheit seines Überlebens, um das Themenspektrum seines Deutschkurses zu erweitern – »Uuuntergaaang«. Währenddessen grübelte ich darüber nach, ob Hein und ich im Falle unseres Ablebens eine gemeinsame oder jeder eine separate Todesanzeige von unserem Arbeitgeber bekommen hätten.

Der sechste und letzte Tauchtag

Am berühmten Elphinstone-Riff lockten Andy und Mohammed uns mit der Aussicht auf spektakuläre Begegnungen mit Weißspitzen-Hochseehaien ein letztes Mal ins Wasser, und das Tauchen mit diesen wunderbaren und extrem eleganten Tieren sorgte dann auch für allgemeine Begeisterung. Angst vor den manchmal recht neugierigen Haien hatte an diesem Tag niemand. Nach der Nahtoderfahrung im Sturm konnte die Gäste der *Drunken Dolphin* quasi nichts mehr schocken – wenn für jemanden die Uhr abgelaufen wäre, dann hätte das Schicksal genug Gelegenheit gehabt zuzuschlagen.

Nachdem wir an Bord zurückgekehrt waren – die Mayerdicks hatten es heute beim ersten Versuch geschafft! –, hieß es allmählich, Abschied zu nehmen. Jeder an Bord spürte, wie sich die gemeinsame Reise dem Ende näherte und für jeden auf unterschiedliche Weise der Alltag näher rückte. Ein letztes gemeinsames Abendessen sollte den Abschluss bilden, bevor wir am folgenden Tag alle in verschiedene Flieger steigen würden.

Unser Smutje übertraf sich selbst. Was dieser Mann in seiner winzigen Kombüse zauberte, suchte seinesgleichen. Neben delikaten Vorspeisen gab es gebratenen Fisch, Hähnchen und eine Vielfalt aus Beilagen. Höhepunkt des Abschiedsdinners war aber zweifellos das Kamelsteak in einer leicht scharfen Schokoladensoße. Was zunächst merkwürdig klingen mag, entpuppte sich als das vielleicht beste Fleisch, das ich je gegessen habe.

Ich leckte gerade die Soße von meinem Teller, als Lutz aufstand und mit einem Löffel gegen sein Glas schlug. Er setzte wohl zu einer Rede an, doch schlagartig wandte sich die allgemeine Aufmerksamkeit einmal mehr Onkel Mathes zu. Der Gute gab nämlich ein merkwürdig röchelndes Geräusch von sich und versuchte verzweifelt zu schlucken. Dann bäumte er sich auf, fasste sich mit beiden Händen an den Hals, um einen Wimpernschlag später mit dem Gesicht in seinen Teller zu fallen.

Hein erkannte die Situation sofort. Er sprang auf, riss Onkel Mathes auf die Beine, umfasste ihn mit beiden Armen knapp unterhalb des Brustbeins und presste unseren Veteranen ruckartig und so fest er konnte zusammen.

Ein angekautes Stück Kamelsteak flog quer über den Tisch gegen Lutz' Brust, was seine ungefragte Ansprache endgültig abwürgte. Dass Onkel Mathes dem Tod gern mal auf die Schippe und wieder hinunter sprang, hatte er diese Woche mehrfach bewiesen, aber dass er jetzt hier am Tisch nicht jämmerlich erstickt war, verdankte er ausschließlich Hein, den wir infolgedessen natürlich gebührend feierten.

Ich freute mich für meinen Lieblingskollegen und hoffte, dass es ihm gelingen würde, zumindest einen Teil dieser positiven Energie in seinen Arbeitsalltag hinüberzuretten. Es fühlt sich eben doch gut an, sein Handwerk zu beherrschen.

Die Nacht verbrachte ich erneut auf einer Sonnenliege, denn schließlich hatten sich Hein und Alma womöglich zum letzten Mal. Wie hätte ich mir anmaßen können, dem jungen Glück im Weg zu stehen? Nein, niemals! Außerdem war mein Reisebegleiter für die Schwedinnen und insbesondere für Alma inzwischen eh zu einer Art gottgleichem Superhelden mutiert und damit vollkommen unantastbar. Hein war für sie der charmante, gut aussehende, hilfsbereite Retter in der Not. Wer hatte denn im Sturm den Elementen getrotzt? Hein! Wer hatte denn hier an Bord Leben gerettet? Hein! Wer hatte sie denn durch bloße Anwesenheit vor österreichischen Deutschkursen bewahrt? Hein!

»Mer muss och jünne künne«, kölschte ich zu mir selbst und ließ die vergangenen Tage wohlwollend Revue passieren.

Zurück im Heimathafen hieß es, die Ausrüstung zu trocknen, die Kabinen zu räumen und geduldig auf eisgekühlte Kleinbusse zu warten, die die jeweiligen Gäste zum Flughafen nach Marsa Alam bringen würden.

Hein und Alma benahmen sich bis zur letzten Minute wie verliebte Teenager beziehungsweise wie siamesische Zwillinge, die man unfreiwillig zu trennen versucht, doch nach dem zehnten letzten Kuss blieb Hein irgendwann nichts anderes mehr übrig, als einem Kleinbus nachzuwinken und dabei seufzend Staub zu schlucken.

Unser Transfer würde noch zwei Stunden auf sich warten lassen. Zeit genug, die lokalen Viagra-Vorräte zu einem Spottpreis aufzukaufen – natürlich nur für die daheimgebliebenen Kollegen, und ein letztes ägyptisches Bier mit Andy und Mohammed war auch noch drin.

Wenig später hob der Flieger ab, während die Sonne sich senkte. Hein durfte am Gang sitzen. Noch gute fünf Stunden, dann hatte uns die Heimat wieder. Die Akkus waren aufgeladen – also auf zu neuen Taten.

Azrael

Das zerrissene T-Shirt, das Hein in den letzten Stunden getragen hatte, war viel zu schade für die Tonne. Er hatte es achtlos in den Mülleimer geworfen, aber kaum dass er sich abwandte, fischte ich es unbemerkt heraus und unterzog es einer Kochwäsche. Metaphorisch gesprochen würde ich diesen rostigen Nagel meinem Lieblingskollegen irgendwann bei passender Gelegenheit noch ins blutende Herz rammen. Vielleicht beim nächsten Weihnachtswichteln.

Drei Stunden zuvor

Die Meldung klang dramatisch: »Einsatz für das Löschfahrzeug 3. Katze sitzt auf Stauwehr und droht, in die Kanalisation gespült zu werden«, tönte der Leitstellendisponent über Funk und ergänzte die Alarmierung um Adressdaten und Anfahrtshinweise.

Als Zugführer vom Tag bestätigte ich den Einsatzbefehl und versuchte, mich an die Gegebenheiten vor Ort zu erinnern, denn das Bauwerk zur Wasserregulierung, zu dem wir uns aufmachten, war mir nicht unbekannt. Wochen zuvor hatten wir an derselben Stelle in Amtshilfe für die Polizei einen Motorroller aus dem circa 1,20 Meter tiefen Wasser geborgen, nachdem ein Volltrunkener den innerstädtischen Kanal mit den üblichen Verkehrswegen verwechselt hatte.

Eigentlich war die Örtlichkeit ein idyllisches Plätzchen. Ein sechs Meter breiter Wasserlauf trennte zwei Straßen und eine großzügige Allee samt Grün voneinander und bot auf knapp achthundert Metern Länge eine Fläche zum Flanieren, Picknicken und Wohlfühlen. Die Anlage war ein Relikt aus Zeiten, als der Städtebau sich noch dem Jugendstil verpflichtet fühlte, und so begrenzten geschwungene schmiedeeiserne Geländer den Zugang zum Wasser – für eine Katze natürlich kein wirkliches Hindernis.

Um Überflutungen zu verhindern, hatte man irgendwann in den 1960er-Jahren ein Wehr eingebaut, das den künstlichen Zulauf und Regenfälle regulierte. Streng genommen bestand das Bauwerk lediglich aus einer knapp zwanzig Zentimeter dicken Mauer, die einen Überlauf in die öffentliche Kanalisation darstellte, den ein Gitter mit breiten Maschen in einem ebenfalls gemauerten Halbbogen sicherte.

Auf genau dieser Mauer saß jämmerlich maunzend eine dreifarbige Katze, die mit flehendem Blick einen Ausweg aus ihrer misslichen Lage suchte. Links von ihr Wasser, rechts von ihr ein Gitter, das in die modrige Unterwelt führte, und die Pfoten sanft, aber doch bedrohlich von überlaufendem Wasser umspült – als Tierfreund konnte man durchaus Mitleid haben.

So ging es wohl auch Herrn Rübsam, der den Notruf abgesetzt hatte und uns an der Einsatzstelle erwartete.

»Gut, dass Sie so schnell gekommen sind!«, rief er uns entgegen, und ich hörte Hein neben mir murmeln: »Wir sind willkommen, das ist doch schon mal was.«

Herr Rübsam schilderte uns die Lage: »Keine Ahnung, wie das Tier dorthin gelangt ist. Es muss ja vom Himmel gefallen sein. Wie auch immer. Fest steht: Die Katze kommt ohne Hilfe nicht mehr weg – Endstation Kläranlage! Ich habe versucht, sie zur Wand zu locken, aber sie sitzt einfach da und bewegt sich keinen Millimeter.« Er raufte sich das Haar und machte ein verzweifeltes Gesicht.

»Keine Sorge, wir kümmern uns«, versuchte ich, ihn zu beruhigen, und winkte Hein heran, um mit ihm gemeinsam die Lage zu erkunden.

Prüfend nahmen wir die Einzelheiten in Augenschein und wägten das Für und Wider verschiedener Optionen ab. Es gab wie immer zwei Möglichkeiten. Entweder überließen wir den Stubentiger sich selbst, schließlich hatte er sich auch selbst in diese missliche Lage gebracht. Da das allerdings für nicht wenige der üblicherweise Einsätze verursachenden Lebewesen galt, blieb die Oder-Option: Wir retteten das Tier, worin nicht nur unsere originäre Aufgabe bestand, sondern was auch technisch keine besondere Herausforderung darstellte.

»Wir stellen eine Steckleiter ins Wasser – hier ist es ja nicht besonders tief – und schicken den Praktikanten in Gummihosen zur Katzenrettung in den Kanal. Außerdem bestellen wir schon mal die Tierrettung, damit sich im Anschluss jemand um das nasse Fellknäuel kümmern kann«, schlug ich vor, und Hein nickte zustimmend.

»Die Nummer mache ich aber selbst, und nicht der Praktikant!«, schob er bestimmend hinterher, und ich ließ ihm seinen Willen, im Wissen, dass er Mister Mau, seinen eigenen Kater, vor Augen hatte.

Die Vorbereitungen zur technischen Rettung nahmen nur wenige Augenblicke in Anspruch und waren nicht einmal mittelgroßes Kino, doch offensichtlich besagt ein ungeschriebenes Naturgesetz, dass Tierrettungen grundsätzlich unter den

Augen der Öffentlichkeit stattfinden müssen. Die Steckleiter hatte noch nicht das Dach des Löschfahrzeugs verlassen, und im Mannschaftsraum des Löschfahrzeugs steckte Hein gerade erst seine weißen Schenkel in eine übergroße Anglerlatzhose, da fanden sich auch schon zwanzig bis dreißig neugierige Mitbürger ein und harrten der Dinge, die da kommen sollten.

Als sich die Tür des Mannschaftsraums öffnete und Hein unter den Blicken der Schaulustigen ins Freie trat, untermalte in meinem Inneren Vangelis' *Conquest of Paradise* seine Schritte zum Kanal. Und als hörte er meine Kopfmusik ebenfalls, versuchte er, möglichst würdevoll zu schreiten. Kein leichtes Unterfangen in einer viel zu großen Hose aus Gummi.

Ich mischte mich unter die Zuschauenden, und gemeinsam bezeugten wir, wie Hein sich ungelenk über das schmiedeeiserne Jugendstilgitter schwang, um von dort die bereitgestellte Leiter herabzusteigen. Auf Höhe der im Wasser eingelassenen Mauer stieg er über und betrat die bauliche Begrenzung zur Kanalisation. Trotz der Breite von circa zwanzig Zentimetern erinnerte er an einen Hochseilartisten, der ohne Sicherung über den Grand Canyon balanciert und sich furchtlos dem Ziel näherte, in diesem Fall einer dreifarbigen Miezekatze.

Die blieb unerschrocken sitzen, wiegte ihren Kopf hin und her und beobachtete neugierig den sich nähernden Retter. Kurz bevor er das Tier erreichte, hielt Hein an und ging in die Hocke, um durch seine Größe nicht bedrohlich zu wirken, dann schob er sich Zentimeter für Zentimeter vorwärts in Richtung des in Not geratenen Stubentigers.

Mein Lieblingskollege bewegte sich in Zeitlupe, denn er wollte keinesfalls durch hektische Bewegungen das Haustier ins Wasser treiben, und sowohl ich als auch die Zuschauenden waren begeistert, als er das nasse Fellknäuel endlich erreichte und dem Tier sanft über das Haupt streichelte. Durch das Plätschern des Kanals meinte ich sogar, ihn beruhigende Worte murmeln zu hören.

Bei näherer Betrachtung zeigte sich, dass die Katze eher weiß-rot gefärbt war und der augenscheinlich dritte, dunklere Farbton mutmaßlich von Entenscheiße herrührte. Aber davor hatte Hein keine Scheu. Mit einem beherzten Griff fasste er zu und packte die Samtpfote im Nacken. Applaus erklang, und ich war wirklich stolz auf meinen Lieblingskollegen.

»Wieder einmal ein kleines Leben gerettet!«, sagte ich leise zu mir selbst, während Hein sich mit der Katze auf dem Arm aufrichtete, umdrehte und zurück zur Leiter balancierte. Nebenbei bemerkt: In diesem Moment wurde mir nach über zwanzig Berufsjahren endlich klar, warum ich damals im Einstellungstest einen Gang über einen Schwebebalken absolvieren musste.

Den ersten Fuß auf der untersten Sprosse, hielt Hein die Katze liebevoll wie ein Kind auf dem rechten Arm, mit dem linken griff er höher und erklomm auf diese Weise Stück für Stück beziehungsweise Sprosse für Sprosse die Leiter, als sich die Situation plötzlich dramatisch änderte.

Aus dem Nichts heraus schlug die Katze zu. Ihre Krallen nahmen die ersten Hautschichten ohne Widerstand, gruben sich ins Fleisch und filetierten Hein, wo immer sie konnten. Dabei stieß das Tier ein Fauchen aus, dass sich mir die Haare sträubten, und ich zuckte innerlich wie äußerlich zusammen. Auch durch die Menge der Schaulustigen ging ein erschrockenes Raunen und mitfühlendes Stöhnen, eine Frau kreischte, und ein Typ zog sein Handy aus der Tasche, um die Szene ab jetzt zu filmen.

Auf Helm und Jacke hatte Hein aus guten Gründen verzichtet, das dünne T-Shirt, das er trug, bot allerdings nicht einmal den Hauch eines brauchbaren Schutzes – und die Katze dachte nicht daran, ihre Attacken einzustellen. Gesicht, Hals und Schulterbereich Heins erfuhren mechanische Veränderungen, was innerhalb weniger Sekunden zu nennenswerten Blutungen führte.

Kennen Sie die quälenden Sekunden, wenn bei einem Boxkampf der haushoch Unterlegene die Fresse so richtig poliert bekommt, bis der Ringrichter endlich eingreift?

Leider gab es hier keinen Ringrichter, und das zunächst hilf- und harmlos erscheinende Kätzlein war drauf und dran, Hein die Halsschlagader aufzuschlitzen. Der hing an der Leiter, pendelte mehrmals hin und her und fluchte. Natürlich wollte er den messerscharfen Krallen ausweichen, aber wo sollte er hin? Vor den Zuschauenden samt Katze in den Kanal zu fallen, kam als Option nicht infrage.

Jeder andere hätte das undankbare Tier geopfert oder wenigstens ins Wasser geschleudert, nicht aber Hein – unter schmerzhaften Prügeln und zwischen zusammengebissenen Zähnen hervorgestoßenen Verwünschungen hielt er durch, bis unser Praktikant Niklas das sich windende Fellknäuel mit dicken Handschuhen übernehmen konnte.

Als Hein festen Boden erreichte, erklang erneut Applaus des Publikums. Er beantwortete den Beifall mit einem jovialen Winken und einer gewissen heldenhaften Attitüde, bevor er sich gegen unser Einsatzfahrzeug lehnte und durchatmete. Er brauchte einen Moment, um sich zu sammeln und die letzten Minuten zu verarbeiten. Auch die Mieze sehnte sich offenbar nach Ruhe, jedenfalls machte sie es sich nach der ganzen

Aufregung auf dem Arm des Praktikanten gemütlich und ließ sich genüsslich kraulen.

Niklas trug Handschuhe, Helm und Schutzjacke, aber dennoch war es Hein ein Bedürfnis, den jungen Kollegen zu warnen: »Pass bloß auf! Das Vieh tut nur unschuldig – der Angriff erfolgt unverhofft, und dann gnade dir Gott.«

Wenn man Hein ein wenig kannte, konnte man sehen, wie sich seine innere Gefühlslage veränderte. Die Wirkung des Adrenalins ließ nach, und er musste sich schwer zusammenreißen, um die Katze nicht erneut an sich zu nehmen. Diesmal allerdings nicht, um sie zu retten, sondern um eine schicke Damenhandtasche daraus zu machen.

Aber Hein hielt sich professionell im Zaum. Er war ausreichend damit beschäftigt, sich von Entenscheiße zu befreien, während die abströmende Zuschauerschar ihn immer noch beglückwünschte und ihm zu seinem heroischen Einsatz gratulierte.

Ich setzte an, den Einsatz für beendet zu erklären und die Abfahrt zu befehlen, als ein letzter Zaungast mit erhobenem Arm auf sich aufmerksam machte. Um die fünfzig Jahre, lichtes graues Haar, grünes Hemd, Cordhose, Sandalen ohne Socken, erhob der Mann seine Stimme: »Was machen Sie jetzt eigentlich mit dem Kater?«

»Wir nehmen den kleinen Tiger mit zur Wache und übergeben ihn der Tierrettung. Die Kollegen bringen ihn dann zum Tierheim. Im besten Fall ist er gechippt, und der Besitzer oder die Besitzerin kann ihn dort zeitnah abholen«, antwortete ich bewusst freundlich – schließlich weiß man nie, wen man vor sich hat.

»Woher wollen Sie wissen, dass es sich um einen Kater handelt?«, grätschte Hein, inzwischen grob gesäubert, in das Gespräch, wobei mir bereits dieselbe Frage auf der Zunge lag.

»Äh, wie soll ich sagen? Äh ... also den Weg zum Tierheim können Sie sich sparen ... Sie haben da etwas gefangen, das mir gehört ...« Der Mann räusperte sich und mied unseren Blick. »Der Kater heißt Azrael, ein Freigänger, der macht das öfter ...«

»Wie lange stehen Sie denn schon hier?« Ich gebe zu, es ließ sich nicht vermeiden, dass meine Stimme süffisant klang.

»Eine Weile ...«, lautete die ziemlich vage Antwort des Grauhaarigen.

»Und Sie haben es nicht für nötig befunden, sich zwischendurch als Besitzer der Katze zu erkennen zu geben?«

»Ich wollte Sie nicht unterbrechen. Außerdem habe ich die Hoffnung, dass Azrael seine Lektion jetzt gelernt hat, verstehen Sie?«

»Nein, ich verstehe nicht«, erwiderte ich. Neben mir versteifte sich Hein, und ich bemerkte, dass seine Kaumuskulatur bebte. Gut möglich, dass er auch aus Azraels Besitzer eine Handtasche gemacht hätte, wenn ich ihn nicht wortlos mit einem Fingerzeig in den Mannschaftsraum des Löschfahrzeugs geschickt hätte.

Es folgte eine Diskussion über Verantwortung und die Auswirkungen des eigenen Handelns, bis Besitzer und Katze irgendwann von dannen zogen. Sie schnurrend, er kraulend.

Als Hein umgezogen war, fuhr ich ihn zwecks Wundversorgung und Tetanusprophylaxe in die zuständige Notfallambulanz. Der Bericht über den Dienstunfall zog sich, unter dem Spott der Kollegen, bis in den frühen Abend.

Manchmal werde ich gefragt, wieso es unter uns Rettungskräften eigentlich immer so gehässig zugeht und ob es nicht sinnvoller und heilsamer wäre, einander mit mehr Empathie zu begegnen. Nun, ich glaube, die Anspannung, die die verschiedenen Einsätze täglich mit sich bringen, muss irgendwohin, und die ständigen Frotzeleien sind vielleicht der praktischste Kanal dafür.

Dementsprechend liegt das T-Shirt, das die Kollegen im Krankenhaus durch ein rosafarbenes OP-Hemdchen ersetzt hatten, bis heute in meinem Spind – die passende Gelegenheit für ein unpassendes Geschenk wird kommen.

Partycrasher de luxe

Hein hatte ausgesprochen gute Laune. Die Nummer mit der mit Entenscheiße kontaminierten Katze hatte weder seelische noch weitreichendere körperliche Folgen nach sich gezogen – mit anderen Worten: Hein liebte seinen eigenen Kater immer noch abgöttisch, und lästige Infektionen seiner Wunden waren auch ausgeblieben. Wenn man ihn wie ich besser kannte, gab sein Verhalten dennoch Anlass zur Sorge, denn mein Lieblingskollege hatte nicht nur gute Laune, er war seit mehreren Tagen geradezu euphorisch. Im Vergleich zu den letzten Wochen und Monaten hatte eine Wandlung stattgefunden, die nicht ohne Ursache sein konnte. Auf Nachfragen reagierte Hein jedoch ausweichend und mit nichtssagenden Floskeln. »Man lebt nur einmal.« »Die Welt ist voller Wunder.« »Das Leben ist schön.«

Leo als direkter Vorgesetzter wunderte sich über freiwillige Überstunden am Wochenende, und selbst Hermann, Heins Staatsfeind Nummer eins, sah sich mit freundlicher Behandlung konfrontiert, was den Kollegen sichtlich irritierte. Wie oft hatte Hermann Hein schon um sein Abendessen gebracht? Wie oft hatte er ihn bei der Dienstplanung belogen und betrogen, und wie oft wollte Hein Hermann deshalb schon den Hals umdrehen beziehungsweise diesen Blötschkopp und Kniesbüggel teeren, federn und vierteilen? Stattdessen lud er Hermann in diesen Tagen zum Abendessen ein und teilte seinen selbst gemachten rheinischen Sauerbraten mit ihm, der übrigens jedes Sternerestaurants würdig gewesen wäre. Biblisch gesprochen brach Hein sein Brot und übte Nächstenliebe mit dem Widrigsten.

Selbst bei Einsätzen, über deren Sinn man berechtigt streiten konnte, wohnte Hein eine neue Gelassenheit inne. Einmal hörte ich ihn sogar einen wütenden Kollegen beschwichtigen, der drauf und dran war, einem jungen Mann die Gelbe Karte zu zeigen, weil der wegen eines Fußballspiels im Fernsehen keine Lust hatte, seine Freundin mit verstauchtem Knöchel selbst ins Krankenhaus zu fahren, weshalb er 112 wählte, damit wir »Jungs« die Tour übernahmen.

»Fußballfans ...« Hein zog den grollenden Kollegen sanft mit sich zum Einsatzfahrzeug. »Die haben halt andere Prioritäten.«

Eines Tages waren wir mit der Drehleiter unterwegs zu einem Gebäudekomplex, der einen großen Innenhof umschloss und in dem ein undefinierbares Piepsen seit Tagen die Bewohner, das Ordnungsamt und die Polizei auf Trab hielt. Diesmal war es nicht Hein, der sich echauffierte, sondern ich: »Die Menschen denken ja immer, wir würden jeden Tag in brennende Häuser rennen und mit rußverschmierten Kindern auf dem Arm wieder rauslaufen. Stattdessen suchen wir die Quelle eines ominösen Piepsens. Das darf echt nicht wahr sein! Am Ende ist es wieder ein Wäschetrockner!«, schnauzte ich genervt.

»Es kann aber auch ein Heimrauchmelder sein«, entgegnete Hein, um dem Einsatz eine gewisse Ernsthaftigkeit zu verleihen.

»Ja klar! Ein Heimrauchmelder – seit zwei Tagen. Junge, wir kommen in die Zeitung mit dem langsamsten Feuer, das sich je in geschlossener Bebauung entwickelt hat. Willst du mich verarschen?«

»Ich meine ja nur ...«

In diesem Moment kamen wir an der von der Leitstelle angegebenen Adresse an, und wie eigentlich immer in solchen Fällen erwartete uns Polizeihauptkommissar Schnelle. Noch bevor der gute Mann uns in die Einsatzsituation einweisen konnte, fuhr ich ihm über den Mund: »Nicht ernsthaft, oder?«

»Und ob! Seit zwei Tagen verheizen wir hier unnötig Einsatzmittel wegen akustischer Nötigung und Ruhestörung. Der Scheißinnenhof bildet ein tolles Echo, und wenn man gerade denkt, man wüsste, woher der Piepton kommt, und sich vermeintlich darauf zubewegt, dann piepst es aus einer völlig anderen Richtung.« PHK Schnelle schüttelte den Kopf und rieb sich die Schläfen. »Hier schläft seit zwei Nächten niemand mehr, wir haben nach Hinweisen von Nachbarn bereits mehrere Wohnungen aufgebrochen – leider ohne Erfolg. Die Leute sind kurz vorm Durchdrehen. Ich persönlich tippe ja auf einen Wäschetrockner. Um ehrlich zu sein, Männer, ihr seid unsere letzte Hoffnung.«

»Ja klar, nach der Feuerwehr kommt nur noch die Bundeswehr. Wenn wir das Piepsen nicht finden, wird hier halt alles gesprengt«, antwortete ich süffisant und machte mich daran, die Drehleiter in Stellung zu bringen, um das 13 Tonnen schwere Fahrzeug abzustützen. Als ich mich wenig später in den Korb der Drehleiter schwang, um Horchposten in luftiger Höhe zu beziehen, rief ich PHK Schnelle über die Schulter hinweg zu: »Eines habt ihr bei dem Ganzen leider außer Acht gelassen – die Feuerwehr hat ihre besten Männer geschickt. Hein und ich sind auch als das Hörsturzgeschwader bekannt. Wenn es also darum geht, die Quelle eines Geräusches zu identifizieren, habt ihr den Bock wirklich zum Gärtner gemacht.«

Schnelle winkte abfällig. »Meinst du, mir geht es anders?«

Währenddessen stieg Hein, ein paar Vorschriften ignorierend, zu mir in den Korb. »Vier Ohren hören mehr als zwei!«, meinte er beiläufig und übernahm die Joysticks, die die Bewegungen der Drehleiter steuerten.

»Sei bloß froh, dass ich nicht Kollege Xaver bin«, murmelte ich. »Sonst hättest du jetzt eine Meldung und das Qualitätsmanagement am Hals.«

Hein zuckte nur die Achseln und pfiff eine fröhliche Melodie vor sich bin, bis wir unsere Position in circa zwanzig Metern Höhe erreicht hatten. Wir hielten inne und lauschten angestrengt. Das Geräusch, ein alternierendes Piepen, schien wirklich aus allen Richtungen zu kommen. Man musste nur den Kopf drehen, um die eben gefasste Meinung über die Herkunft sofort zu revidieren. Die Menschen in den zum Innenhof liegenden Wohnungen machten die Sache nicht leichter. Während Hein und ich zum Himmel auffuhren, wurden wir von circa vierzig Balkonen aus mit klugen Ratschlägen versorgt, als Helden beklatscht oder als Spanner beschimpft. Hein blieb dabei ungewohnt entspannt, ich möchte sogar sagen, fokussiert.

»Am besten wir arbeiten uns von oben nach unten und fahren alle Balkone an, auf denen niemand steht und rumkrakeelt«, schlug er zielführend vor, und in Ermangelung einer besseren Idee nickte ich.

Der Blick von einer Drehleiter aus in die Wohnungen anderer Zeitgenossen bedarf sowohl Unerschrockenheit als auch Pietät, denn wer höher als das Erdgeschoss wohnt, rechnet nicht damit, aus dieser Perspektive beobachtet zu werden, und was für immer verborgen bleiben sollte, wird unerwartet entdeckt. Die beeindruckende Sammlung leerer Weinflaschen, die den Alkoholiker entlarvt, das Andreaskreuz an der Wand, das den sexuellen Fetisch preisgibt, oder den schon morgens zugekifften Studenten, der den brav zahlenden Eltern ein anstrengendes Medizinstudium vorgaukelt.

Wie auch immer – Hein war ein guter Spürhund. Nach einer Viertelstunde entdeckte er das Corpus Delicti, das Ordnungsamt und Polizei zwei Tage lang vergeblich gesucht hatten. Unter dem Jubel der Anwohnenden wurde es unschädlich gemacht.

Nein, es war kein Wäschetrockner, sondern ein Radiowecker aus asiatischer Produktion, der am offenen Schlafzimmerfenster unbeirrt und ohne Pause seiner Arbeit nachging. Hein stieg sogar in die Wohnung ein, um sicherzugehen, dass niemand kalt und steif am Boden lag, aber alles war unauffällig, sodass wir die Einsatzstelle nach kurzer Zeit an PHK Schnelle und seine Kollegen übergeben konnten.

Auf der Rückfahrt zur Wache sprach ich Hein einmal mehr auf seine Stimmungslage an. »So, mein Freund, jetzt mal raus mit der Sprache! Ich habe heute keinen guten Tag, aber du kommst rüber wie die Wiedergeburt von Mahatma Gandhi. Was stimmt mit dir nicht? Einsätze wie dieser hätten dich noch vor Kurzem komplett eskalieren lassen. Also – was hat sich verändert?«

»Wer weiß? Vielleicht hat ja der Tauchurlaub gutgetan?!«, antwortete Hein schulterzuckend, und ein kaum wahrnehmbares Lächeln umspielte seine Lippen.

Durch den Feierabendverkehr quasi zum Schritttempo gezwungen, kämpften wir uns von Ampel zu Ampel, als uns die Leitstelle über Funk ansprach.

»Drehleiter 3, Frage nach Standort«, tönte es aus dem Lautsprecher. Mir fiel auf, dass der Disponent ungewöhnlich angespannt klang.

»Auf der Berliner Allee, Höhe Stadtpark«, antwortete ich in Erwartung weiterer Ansagen, denn grundlos würde die Leitstelle kaum nachfragen.

Der Disponent antwortete unmittelbar: »Volltreffer, für euch gehts zum Feuer in einem Einfamilienhaus, Köhlerstraße 17, mehrere Anrufe aus der Nachbarschaft. Ihr werdet die Ersten sein, weitere Kräfte sind aus umliegenden Bezirken auf der Anfahrt.«

Hein und ich hatten kein gutes Gefühl im Bauch. Das Wort »Volltreffer« machte klar, dass wir uns in unmittelbarer Nähe zur Einsatzstelle befanden. Bei einem Feuer als erstes Einsatzmittel mit einer Drehleiter einzutreffen, birgt einen entscheidenden Nachteil: Man hat kein Wasser dabei und erst recht keine leistungsstarke Pumpe. Für Anspannung war also gesorgt, als Hein eine knappe Minute später in die durchaus als nobel zu bezeichnende Köhlerstraße einbog, in der uns dicke Rauchschwaden erwarteten. Jetzt galt es, die Einsatzstelle zu lokalisieren, die Lage zu erkunden, eine Rückmeldung abzugeben und, falls nötig, eine Menschenrettung einzuleiten – bei bestätigtem Feuer ohne Wasser am Strahlrohr eine durchaus gewagte Sache, aber was solls, wir hätten beruflich ja auch Influencer werden können.

Der Rauch in der Straße erschwerte die Sicht erheblich, Hausnummern waren nur schemenhaft zu erkennen, aber immerhin ließ er erste Rückschlüsse auf das Brandereignis zu.

»Zu hell für einen Wohnungsbrand«, konstatierte Hein. »Außerdem riechts eher nach Lagerfeuer statt brennender Polyestercouch.«

In der Hoffnung, doch noch eine Hausnummer erspähen zu können, steuerte er die Drehleiter extrem langsam durch die

Köhlerstraße, als plötzlich eine hektisch winkende Person in den Rauchschwaden auftauchte.

»Hier drüben! Hier drüben, bei den Hohmanns! Heilige Scheiße, kommen Sie schnell!«, brüllte ein Mann in den Sechzigern und deutete hustend auf eine von der Straße zurückgesetzte Stadtvilla.

Die Ursache der starken Verrauchung war immer noch nicht zu erkennen, aber das angezeigte Objekt schien zumindest die Quelle zu sein, also war Eile geboten, um den als Nächstes eintreffenden Kräften wertvolle Informationen liefern zu können. Hein und ich rüsteten uns aus, legten schweren Atemschutz an und gaben der Leitstelle eine erste Lageeinschätzung.

»Bestätigtes Feuer! Rauchentwicklung im gesamten Straßenzug. Besatzung der Drehleiter zur Erkundung unter Atemschutz vor! Nachrückende Kräfte werden erwartet«, brüllte Hein ins Funkgerät, bevor wir uns der besagten Villa näherten, ohne eine Reaktion der Leitstelle abzuwarten.

Nirgendwo waren Flammen zu sehen, sodass Hein und ich beschlossen, ins Haus einzudringen, um die Lage weiter zu erkunden. Was viele nicht wissen: Nur die wenigsten Brandtoten weisen Verbrennungen auf. Der Rauch beziehungsweise die enthaltenen Atemgifte sind es, die einen umbringen. Hein und ich hatten also gute Gründe, durchaus grob ins Haus vorzudringen. Mein Lieblingskollege warf sich mit Schwung gegen die Eingangstür – die allerdings im selben Moment von innen geöffnet wurde, sodass Hein wie aus einem Würfelbecher geschüttet in den Hausflur stürzte und einige Meter auf hellen Marmorfliesen rutschte, bis ihn eine sündhaft teure Holzkommode bremste.

»Alles ist aus! Es ist aus! Die Party ist auch aus!«, lallte ein auffällig elegant gekleideter, jedoch völlig derangierter Typ, der noch die Türklinke in der Hand hielt und mir mit glasigem Blick begegnete. »Es sind keine weiteren Gäste zugelassen!«

»Wo brennt es?«, fragte ich ihn, erhielt zur Antwort jedoch lediglich die Wiederholung des bereits Gesagten: »Es ist alles aus! Alles ist aus!«

Hein hatte sich derweil aufgerappelt und stellte fest: »Hier drin ist die Verrauchung deutlich schwächer als draußen.« Und mit Blick auf den im Stehen schwankenden Türöffner fügte er hinzu: »Dem droht hier keine Gefahr, lassen wir ihn stehen und erkunden die Lage.«

Vom Eingangsbereich gingen mehrere Türen ab, wir entschlossen uns für geradeaus und drangen in die Küche vor, in der uns ein wahres Schlachtfeld erwartete. Schüsseln, Platten, Körbe voller Reste, geöffnete Flaschen, Besteck und Geschirr über- und untereinander gestapelt. Manches war zu Bruch gegangen, auf den Boden getropft oder angebissen; und die Spüle hinunter zog sich etwas, das aussah wie zweimal gegessen.

»Okay, ein geplündertes Gourmet-Buffet sieht zwar schrecklich aus, ist aber keine Einsatzstelle«, konstatierte Hein und durchquerte den Raum auf eine weitere Tür zu. »Vorwärts.«

Ich folgte ihm ins Wohnzimmer oder besser gesagt in einen Wohnsaal, der circa 150 Quadratmeter Nutzfläche umfasste. Auf der Suche nach dem Brandherd ließ ich zunächst die räumliche Umgebung auf mich wirken. Der Boden bestand aus edlem Kopfholzparkett, eine riesige Glasfront bildete den baulichen Abschluss zum Garten; auch hier zogen Rauchschwaden vorbei. An den Wänden hingen großformatige Aktbilder, und das Mobiliar war eine Ansammlung aus teuren Designerstücken, auf denen eine Gruppe Menschen in den Dreißigern lümmelte, kicherte, knutschte und soff. Niemand wirkte beunruhigt.

Meine ungeteilte Aufmerksamkeit zog schließlich ein überdimensionaler Kamin auf sich, der die Ausmaße eines handelsüblichen Ehebettes besaß und sowohl von innen als auch von einer Außenterrasse zu befeuern war.

»Schon dekadent, wie manche Menschen leben«, dachte ich laut, als die kleine Cocktailrunde auf uns aufmerksam wurde und sich Hälse in unsere Richtung reckten.

»Ich knöpfe mir die Gäste vor und erzähle denen mal ein bisschen über fahrlässige Brandstiftung und so«, knurrte Hein. »Schau du dir unterdessen dieses Teil da an.« Er deutete zum Kamin.

Soweit unser Plan, doch wie so oft kam es anders.

»Hurra, die Stripper sind da! Jetzt gehts los!«, brüllte eine Botoxqueen und schleuderte begeistert den Inhalt eines Champagnerglases durch den Raum. Als hätte sie damit irgendein Startsignal gegeben, gab es kein Halten mehr. Zwei männliche Gäste zogen los, um neue Nuttenbrause zu besorgen, und die Mädels fielen über Hein und mich her.

Ich glaube, es gab kein Klischee, das hier nicht lebte. Vier tolldreiste Weiber riefen im Chor: »Zeigt her eure Schläuche, zeigt her eure Schläuche ...«, während eine fünfte ihren Hintern wie eine läufige Hündin an Heins Oberschenkel rieb. Die Ernsthaftigkeit unseres Erscheinens war hier niemandem zu vermitteln.

Um die Erkundung fortzusetzen, musste ich eine Entscheidung treffen, und in Ermangelung anderer Optionen sah ich mich gezwungen, Hein der wollüstigen Meute zu opfern.

»Du lenkst sie ab, ich suche weiter nach dem Brandherd!«, sagte ich zu ihm, was er mit weit aufgerissenen Augen fassungslos zur Kenntnis nahm. Der Ärmste würde es in den kommenden Minuten nicht leicht haben, aber manchmal dient man im Leben eben einem höheren Ziel.

Während es hinter mir hoch herging und Hein mir ein »Alter, dafür schuldest du mir was!« nachbrüllte, näherte ich mich dem Kamin. Als ich den Rand der Feuerstelle erreichte, offenbarte sich mir sofort, was passiert war. Die kleine Gesellschaft wollte es wohl romantisch haben, hatte es mit der Menge an offensichtlich noch feuchtem Feuerholz jedoch massiv übertrieben und zum Anzünden obendrein Altpapier benutzt. Amateurhafte Löschversuche hatten ihr Übriges getan, sodass die Feiernden sich gezwungen sahen, die Abschottung nach außen zu öffnen. Eine Rauchentwicklung vom Allerfeinsten und eine inverse Wetterlage sorgten dafür, dass der Qualm nicht abzog, sondern sich im gesamten Straßenzug verteilte. Wie heißt es so schön: kleine Ursache, große Wirkung.

Es wurde Zeit für eine weitere Rückmeldung an die Leitstelle. Den nachrückenden Kräften würde es obliegen, das schwelende Holz abzulöschen, das Haus zu belüften und den Feiernden eine kleine Standpauke zu halten.

Als ich mich umdrehte, fiel mir auf, dass ich bei aller Fokussierung auf die Erkundung der Brandursache Hein vollkommen vergessen hatte. Mein Lieblingskollege lag wie ein Käfer rücklings auf dem Boden, der Pressluftatmer auf seinem Rücken schränkte seine Möglichkeiten zum Widerstand stark ein. Vier Frauen hielten ihn an Armen und Beinen fest, während die fünfte im hochgeschobenen kleinen Schwarzen auf seinem Schoß ritt. Dabei trug sie seinen Helm und ließ Schampus in den Anschluss seiner Atemschutzmaske laufen, was in der Gesamtschau ein durchaus surreales Bild ergab. Es machte die Situation nicht besser, als just in diesem Augenblick der Zugführer des inzwischen eingetroffenen Löschfahrzeugs ins Wohnzimmer stürzte.

Es gibt Momente im Leben, da ist auch die beste Erklärung sinnlos. Wortlos winkte ich die Verstärkung herbei, und es bedurfte dreier Kollegen, um Hein vor dem Ertrinkungstod durch Schaumwein zu retten. Unnötig zu erwähnen, dass er sich in der Folge eine neue Serie dummer Sprüche anhören musste.

Ich übernahm die Übergabe an den Zugführer, der die Drehleiter 3 umgehend aus dem Einsatz entließ. Den Rest würden die anderen Stripper, äh, Kollegen erledigen.

»Ich fahre! Du riechst wie ein altes Weinfass!«, erklärte ich Hein, während wir die Einsatzbereitschaft der Drehleiter wiederherstellten. Erstaunlicherweise erfolgte keine Widerrede, Hein grinste nur.

»Kerl, was ist los mit dir? Nimmst du irgendwas? Mal abgesehen vom Champagner! Drogen? Psychopharmaka? Dich haben gerade besoffene Weiber überwältigt und fast ersäuft! Normalerweise würdest du jetzt zurück ins Haus laufen und jeder Einzelnen den nackten Arsch mit einer Fliegenklatsche versohlen. Stattdessen sitzt du auf dem Beifahrersitz und grinst debil vor dich hin. Langsam mache ich mir Sorgen. Oder …« Mir kam eine Idee. »Es hat geklappt, ein Verlag macht ein Buch aus deinen Texten?«

»Was? Nee.« Hein winkte ab. »Das hab ich aufgegeben; die Menschen sind noch nicht so weit.« Es vergingen ein paar Minuten, bis er mich rührselig ansah. »Alma kommt mich nächste Woche besuchen – und ich habe auch schon eine Idee, was wir miteinander anstellen.«

»Muss Liebe schön sein«, seufzte ich und verbot mir jeden Gedanken daran, was Hein andeutete. Der Feierabendverkehr forderte zum Glück meine ganze Aufmerksamkeit.

Schwerkraft – die Anziehungskraft der Körper

Den emotionalen Zustand meines Lieblingskollegen zu beschreiben, fällt mir schwer. Es hatte ein wenig von himmelhoch jauchzend bis zu Tode betrübt. Auf der einen Seite war Hein wie elektrisiert ob der körperlichen und seelischen Freuden, die Almas Besuch versprachen, auf der anderen Seite war er als inzwischen eingefleischter Junggeselle mit mehrtägigem Damenbesuch durchaus überfordert.

Sein bisheriges Reinigungskonzept – geputzt wird erst, wenn der Besuch vor der Wohnungstür steht – warf Hein als Erstes über den Haufen. Als Nächstes lagerte er zwei von drei Kisten Bier aus dem Kühlschrank aus und schränkte die Bewegungsfreiheit seines geliebten Mister Mau ein, denn welcher Damenbesuch möchte schon in mit fusseligen Katzenhaaren garnierter Bettwäsche nächtigen?

Die Tage vergingen und die gesamte Wachbesatzung freute sich mit Hein, weil er allerorts gute Laune verbreitete und nicht nur einmal das Mittagessen ausgab. Gleichzeitig litten wir unter seinen Eskapaden, denn es ist einem ja nicht immer nach hormoneller Heiterkeit. Am härtesten traf es wahrscheinlich Lars, unseren Auszubildenden, den Hein mehr oder weniger freiwillig dazu nötigte, ihm den Rücken zu rasieren.

Schließlich atmeten alle auf, als irgendwann die Zeit endlich reif war und Hein sich aufmachte, um seine Urlaubsliebe vom Bahnhof abzuholen.

»Viel Spaß, du Schwerenöter«, rief ich ihm nach, als er mit fröhlichem Hupen vom Hof fuhr. »Und nimm Blumen mit!«

★

Zwei Tage später sahen wir uns wieder. Heins Urlaubstage reichten nicht aus, um Almas vierzehntägigen Aufenthalt komplett abzudecken, und trotz aller Tauschversuche war Hein einen verdammten Dienst nicht losgeworden. Ich erwartete einen Kollegen im Liebestaumel, mit strahlenden Augen und in schwebender Stimmung – leider weit gefehlt.

Hein kreuzte übernächtigt und mit bandagiertem Handgelenk auf der Wache auf und blickte drein, als hätte er Heuschrecken gefrühstückt. Wortlos pumpte er sich Plörre in den Kaffeebecher und schlurfte zwecks Überprüfung des Rettungswagens zur Fahrzeughalle.

»Und?«, fragte ich so nichtssagend wie mehrdeutig, während wir die morgendliche Checkliste abarbeiteten.

»Was willst du hören?«, knurrte Hein, während er Schubladen öffnete und Ausrüstungsgegenstände zählte.

»Alles! Wir haben Zeit«, antwortete ich wie aus der Pistole geschossen.

Hein lächelte gequält. »Wo soll ich anfangen?«

»Vorne.«

»Wie du willst.« Er zuckte die Achseln. »Also, auf die Deutsche Bahn war schon mal Verlass. Almas ICE hatte 45 Minuten Verspätung, sodass ich reichlich Gelegenheit hatte, das übliche Panoptikum am Bahnhof zu bewundern. Du weißt schon, Flaschensammler, Zugbegleiterinnen, die sich für Chefstewardessen halten, weinende Pärchen, die sich verabschieden, alles untermalt von Durchsagen, die keiner versteht, und in schlechtem Englisch wiederholt werden ...«

»Alter, ich will keine Bahnhofsgeschichte hören, ich will wissen, was ihr so getrieben habt«, unterbrach ich Heins Redefluss.

»Meine Geschichte – also Schnauze und zuhören«, konterte mein Lieblingskollege, und ich hob beschwichtigend die Hände.

»In der Menge, die schließlich aus dem Zug strömte, habe ich Alma erst gar nicht erkannt. Bis das kleine Luder mir von hinten an den Arsch gepackt hat. Da hab ich vor Freude erst mal den Blumenstrauß ins Gleisbett geworfen. Vermutlich das Beste, was ich damit machen konnte – war so ein billiges Teil von der Tankstelle.«

»Hein, komm zur Sache ...«

»Ich bin dabei! Danach sind wir uns in die Arme gefallen und haben uns gedrückt, bis keiner mehr Luft bekam. Im Parkhaus gings weiter, warmes Gefummel bei kaltem Neonlicht, wenn du weißt, wovon ich rede.«

Ich nickte.

»Dann ab nach Hause. Ich hatte lecker gekocht, du kennst meine legendäre Rindfleischsuppe.«

»Jaaa!« Allein beim Gedanken daran bekam ich Hunger.

»Tja, die Reise war wohl anstrengender als gedacht«, fuhr Hein fort. »Alma wurde hundemüde, und ich glaube, sie ist auch ein bisschen erkältet – schwedische Niesattacken sind so süß, quasi mit Akzent. Jedenfalls sind wir zusammen mit Mister Mau auf der Couch eingeschlafen und am nächsten Morgen mit verquollenen Augen und Rückenschmerzen aufgewacht.«

»Ihr hattet keinen Sex?«, fragte ich ungläubig.

»Schon.« Hein lächelte verschmitzt. »Vor, während und nach dem Frühstück. Mir ist sogar das Rührei angebraten.«

»Weiter!«, forderte ich, weil er plötzlich in die Gegend starrte und offensichtlich Tagträumen nachhing.

»Kuscheln mit Mister Mau; ich glaube, er liebt Alma abgöttisch, ständig scharwenzelt er um ihre Beine. Na, wer wills ihm verdenken! Später sind wir ins Städtchen, ein wenig Kultur und Erdbeeren mit Champagner etc. Am Abend zum Edelitaliener, und dann sollte der Tag enden, wie er begonnen hatte. Hattest du schon mal Sex mit einer Frau, die ständig niesen muss?« Ich schüttelte den Kopf, und Hein machte eine wegwerfende Handbewegung. »Ist ja auch egal. Sie wussten jedenfalls nicht, was sie taten – aber sie taten es die ganze Nacht. Und ich kann dir sagen, gegen die Koje auf dem ägyptischen Tauchboot ist so ein Boxspringbett schon was Feines.« Hein grinste, während er Verbandszeug sortierte. »Ich will gar nicht zu sehr ins Detail gehen, aber irgendwann lag ich auf dem Rücken und hab nur noch wippende Titten gesehen. Ich muss wohl in leidenschaftlicher Ekstase gewesen sein – zumindest habe ich mich für einen spontanen Stellungswechsel entschieden.« Heins Gesichtszüge wechselten die Stimmung.

»Ja und?«, fragte ich und fühlte mich wie ein Kind, das dem Märchenonkel gespannt gegenübersitzt. »Und dann?«

»Dann gab es da einen Moment der Schwerelosigkeit.« Hein seufzte schwer und ließ sich auf die Trage des Rettungswagens fallen. »Ich habe Alma und mich aus dem Bett geworfen.«

»Du hast *was* getan?!«

»Ich habe die Gute am Beckenkamm gepackt und in Rotation versetzt – ich wollte doch bloß oben liegen.« Hein klang zerknirscht. »Rechts wäre auch noch Platz gewesen, aber ich musste mich ja für links entscheiden, und da sind wir auf die Eichendielen gekracht. Alma hat sich die Rippen geprellt, und ich habe mir beim Versuch, uns abzufangen, das Handgelenk verstaucht.« Er hielt seine bandagierte Hand in die Höhe. »Die Stimmung ist endgültig gekippt, als ich auf dem Boden weitermachen wollte, da war die Schwedin nicht so begeistert.«

Hein schüttelte traurig den Kopf. »Wahrlich kein Glanzstück von mir. Und jetzt plagt mich das schlechte Gewissen wegen der geprellten Rippen. Jedes Mal, wenn Alma niesen muss, bricht sie vor Schmerz fast ohnmächtig zusammen.« Mit einem verzweifelten Ausdruck in den Augen blickte er mich an. »Ich wäre lieber zu Hause, um mich zu kümmern, verstehst du?«

»Klar, aber ...«

Hein wandte sich ab und murmelte: »Vielleicht stimmen sie die fünfzig roten Rosen milde, die ich ihr für heute Mittag beim Blumenmann bestellt habe.«

Ich schwankte zwischen freundschaftlicher Schadenfreude und Mitgefühl und klopfte Hein auf die Schulter: »Ich kann dich verstehen, aber das wird schon. Ich wette, Alma wartet bereits sehnsüchtig auf deine Heimkehr, und in ein paar Stunden habt ihr euch wieder und könnt eure Wunden lecken.«

Hein nickte. Wortlos setzte er unseren Check fort und kämpfte sich wacker durch die Schicht. Doch wie immer, wenn man es eilig hat, vibrierten kurz vor Feierabend die Funkmeldeempfänger, und die Lautsprecher der Wache verkündeten Alarm für den RTW 3-1.

»Alma wird wohl noch ein paar Minuten länger auf dich warten müssen«, sagte ich, während Hein und ich uns auf den Weg machten. »Aber tröste dich, in der Zeit kann die Rippenprellung heilen.«

Im Laufen boxte er mich in die Seite: »Nicht witzig!«

Der Einsatz führte uns in einen Außenbezirk in die Kohlhammerstraße 288. Die Leitstelle hatte von einem luftnötigen Patienten berichtet, der akustisch kaum noch zu verstehen war. Unsere Hilfe schien also dringend geboten.

»Bei Seeliger oder phonetisch ähnlich«, murmelte Hein, während er die Namen auf den Klingelschildern abglich. Noch bevor er fündig wurde, surrte der Türöffner, und wir betraten ein altbackenes Treppenhaus mit Fliesenboden und gedrechselter Holztreppe. Ausnahmsweise blieb uns diesmal der Aufstieg in eine der oberen Etagen erspart, denn in einer Türzarge im Erdgeschoss lehnte ein schwer atmender, schmächtiger Mann und winkte uns mit scheinbar letzter Kraft zu sich heran.

Hein fackelte nicht lange. Er schob den Mann um die sechzig in die Diele seiner Wohnung, wo er ihn auf ein Sitzmöbel verfrachtete. Ein deutliches Nebengeräusch bei der Ausatmung und eine milde Blaufärbung der Lippen ließen auf einen Asthmatiker schließen.

»Haben Sie mit Asthma zu tun? Nicht sprechen, das strengt Sie zu sehr an – nur nicken oder den Kopf schütteln«, wandte ich mich an den Mann, der zwischen Hein und mir mit weit aufgerissenen Augen hin und her sah. Nickend bestätigte er unsere Verdachtsdiagnose, wollte sich aber weitergehend artikulieren.

»Nicht sprechen! Wir helfen Ihnen!«, sprach Hein beruhigend, bevor er unserem Patienten eine Maske aufs Gesicht setzte, um reinen Sauerstoff zu verabreichen. Ab diesem Zeitpunkt startete ein kleines Feuerwerk der modernen Notfallmedizin. Wir öffneten beengende Kleidung, achteten darauf, dass Herr Seeliger aufrecht saß, und Hein unterstützte ihn bei einer Atemtechnik, die Asthmatikern bei der Ausatmung hilft.

Herr Seeliger wollte sich erneut mitteilen, gestikulierte, deutete immer wieder in die Wohnung und war drauf und dran, sich die Maske vom Gesicht zu reißen.

»Sie müssen versuchen, sich zu beruhigen!«, erklärte ich so empathisch wie möglich, im Wissen, dass Luftnot nicht gerade zur Entspannung beiträgt. Hein rückte die Maske zurecht, während ich Herrn Seeliger mit EKG und einem Sensor zur Messung der Sauerstoffsättigung verkabelte und einen intravenösen Zugang legte. Gemeinsam entschieden wir, Medikamente zu vernebeln, die die Bronchien des Patienten erweitern sollten.

So vergingen ein paar Minuten, und langsam, aber zusehends besserte sich die Situation. Erneut wollte Herr Seeliger die Maske vom Gesicht ziehen und sich erklären, was Hein mit den Worten »Wir sind noch nicht über den Berg – ruhig und gleichmäßig weiteratmen« sanft verhinderte.

Dann platzte dem Mann der Kragen. Mit aller verbliebenen Kraft riss er an den Kabeln und Sauerstoffleitungen. Hein und ich waren für einen Moment perplex, was Herr Seeliger nutzte, um mitzuteilen, was er schon die ganze Zeit sagen wollte.

»Es geht hier ... es geht hier nicht ... um mich! Ich bin Luftnot gewohnt ...«, keuchte er. »Meine Mutter, meine Mutter! Im Schlafzimmer! Sie ist ... sie ist aus dem Bett gefallen, ich ... kann ihr nicht ... helfen. Schauen Sie ... schauen Sie nach meiner Mutter!«, entfuhr es ihm abgehackt und gleichwohl angestrengt.

»Ach du Scheiße!«, entfuhr es Hein und mir wie aus einem Mund.

Hein stürzte in die angegebene Richtung ins Schlafzimmer, um dort die Situation zu erkunden, während ich bei Herrn

Seeliger blieb, den man aus medizinischer Sicht auch nicht guten Gewissens allein lassen konnte.

Zwei Räume weiter erwartete meinen Lieblingskollegen dann so etwas wie die Duplizität der Ereignisse – schon wieder lag eine Frau aufgrund der Schwerkraft mit einer Rippenprellung auf dem Boden. Zugegeben: Mutter Seeliger mochte älter und weniger anziehend sein für Hein als seine skandinavische Alma, dennoch war sie mindestens genauso schwer verletzt.

Am Ende vom Lied kamen ein Notarzt und ein zweiter Rettungswagen zum Einsatz, und der Feierabend rückte in immer weitere Ferne. Trotz Alma im Hinterkopf mangelte es Hein nicht an der nötigen Professionalität, wofür ich ihn bewunderte. Mit vereinten Kräften wurden Mutter und Sohn untersucht, versorgt, gelagert und nach endlosen Telefonaten mit aufnehmenden Ärzten der klinischen Weiterbehandlung zugeführt.

Als wir die Wache zwecks Ablösung erreichten, war es nach einundzwanzig Uhr. Hein wollte schnell nach Hause, schließlich wartete die große Liebe auf seine Rückkehr, und so übernahm ich allein Übergabe, anstehende Reinigungsarbeiten sowie die notwendige Dokumentation – man muss auch mal gönnen können.

Hein sprang noch schnell unter die Dusche, und dann nichts wie ab nach Hause. Im Radio lief *Always Look on the Bright Side of Life* von Monty Python, was Hein zwar melodisch falsch, aber aus Leibeskräften mitsang. Dass er auf der Fahrt innerorts jenseits der achtzig Kilometer pro Stunde geblitzt wurde, passte zum Tag.

Wo Rauch ist, da ist (vermeintlich) auch Feuer

Einer der Nachteile meines Berufslebens ist eine gewisse Konditionierung auf akustische Reize. Wenn eine Alarmierung zum Einsatz ruft, ist dies in der Regel mit Geräusch verbunden. Auf der Wache ertönt ein Gong, ähnlich wie früher auf dem Schulhof, und oftmals piept auch noch ein Funkmeldeempfänger. Im Lauf der Jahre haben sich meine Vorgesetzten hier und da dazu berufen gefühlt, die Tonfolge zu ändern, was dazu führte, dass ich manchmal auch in meiner Freizeit bei Alltagsgeräuschen hochschrecke und zu einem Einsatzfahrzeug rennen möchte.

Krönung von allem ist ein Ton, der, einer Klangschale nicht unähnlich, einen Einsatz mit Menschenrettung anzeigt. Der geneigte Leser darf sich vor seinem geistigen Auge ausmalen, wie ich reagiere, wenn der Yogakurs beginnt oder im Wellnesshotel eine entspannende Massage eingeläutet wird.

So ähnlich erging es mir, als gegen drei Uhr in der Nacht meine Tiefschlafphase ein jähes Ende fand, weil mein Mobiltelefon läutete. Kerzengerade saß ich im Bett, während das Scheißding auf dem Nachttisch vibrierte und die Melodie vom *rosaroten Panther* dudelte.

Meine schlaftrunkenen Augen versuchten, die Aufschrift im Display zu entziffern, und dort stand in Großbuchstaben »HEIN«. Ab diesem Augenblick war ich hellwach. Dramatisches musste passiert sein, denn in den über zwanzig Jahren, die ich meinen Lieblingskollegen nun schon kannte, hatte er mich noch nie mitten in der Nacht angerufen. Viel verstand ich nicht von dem, was er mir mitteilte, sein weinerliches Geseufze machte die Aussprache undeutlich. Ein elementares Fragment jedoch drang zu mir durch: »Du musst kommen. Alma ist weg!«

Mich erinnerte die Situation an einen Einsatz. Wach werden, konzentrieren, rein in die Klamotten und dann ab zum Notfallort. Auf der Anfahrt fehlten mir zwar Blaulicht und Martinshorn, aber Gas gab ich trotzdem, schließlich war Hein schon seit Monaten psychisch angeknackst, und seine tränenerstickte Stimme im Ohr machte mir ernsthafte Sorgen. Wenn jetzt noch seine private kleine Welt in sich zusammenbrechen würde, verhieß das nichts Gutes.

Meine Befürchtungen bestätigten sich, als mein Lieblingskollege mir die Tür öffnete, sich wortlos umdrehte und im Wohnzimmer kraftlos auf die Couch fallen ließ. Offensichtlich hatte er getrunken und geraucht, und zumindest Letzteres war untypisch: Hein hatte dem blauen Dunst schon vor Jahren konsequent abgeschworen. Passend zur Stimmung lief im Hintergrund Rosenstolz: »Machs gut, mein Herzensschöner. Nun lasse ich dich ziehn. Vergiss, was ich gewollt hab. Auch Scherben können blühn ...« Und in einem trockenen Putzeimer ließen fünfzig rote Rosen ihre Köpfe hängen.

Ich ließ mich neben Hein nieder und wartete darauf, dass er sich mitteilte. Es verging eine wortlose Viertelstunde, bis es aus ihm herausbrach: »Was ist das für eine verdammte Scheiße? Da habe ich ein einziges Mal Glück im Leben, und dann ist die Frau allergisch gegen meinen Kater. Zuerst habe ich gedacht, irgendjemand hätte Alma entführt oder so, und fast hätte ich PHK Schnelle angerufen – stell dir das mal vor! Aber dann stellte sich raus, dass sie einfach abgehauen ist! Nur weil sie ein paarmal niesen musste. Hier.« Er reichte mir einen Zettel, auf dem in tadelloser Damenhandschrift stand: *It's all because of the cat! I'm allergic ... – I am so sorry!* »Das klebte am Kühlschrank!«, echauffierte sich Hein weiter, nahm mir die Nachricht aus der Hand und zerriss sie in kleine Fetzen. »Hallo? Dafür gibts doch Medikamente – treuloses Miststück. Gibt es denn in Schweden keine Liebe? Einfach abgereist, nichts außer einem kleinen gelben Zettel zum Abschied. Das habe ich nicht verdient, Jörg, oder?! Was ist bloß los mit den Menschen? Ein Ball von emotionalen und geistigen Blindgängern – darauf leben wir!«

»Du hättest die Frau vielleicht nicht beim Sex aus dem Bett werfen sollen«, antwortete ich im Geiste, verbot mir jedoch, den Gedanken laut auszusprechen.

Es folgte ein mehrstündiges Männergespräch, in dem restlos alle welt- und gesellschaftspolitischen Themen beackert wurden und an dessen Ende wir beide vollkommen betrunken, aber auch zum nächsten Tauchurlaub verabredet waren.

»Wir suchen dir in Ägypten einfach eine neue Schwedin. Andere Rentiere haben auch schöne Töchter!«, lallte ich zum Abschluss prophetisch, was Hein mit einem lauthals gebrüllten »*Skål!*« beantwortete.

Stunden später erwachten wir durstig und mit heftigen Rücken- und Kopfschmerzen gesegnet auf Heins Couch und waren einfach nur froh, dass wir den Tag freihatten.

★

Keine 24 Stunden später sahen wir uns im Dienst wieder, frisch geduscht, rasiert und in akzeptablem Gesamtzustand;

ich als Zugführer, Hein als Angriffstruppführer auf dem Löschfahrzeug.

Die Frühstückspause verlief in ruhigen Bahnen, ausnahmsweise gab es mal kein Rührei und keine gebratenen Würstchen, und ich nutzte die Gelegenheit, nochmals das Gespräch mit meinem Lieblingskollegen zu suchen.

»Was hättest du eigentlich getan, wenn Alma dich vor die Wahl gestellt hätte?«, fragte ich neugierig.

»Wie meinst du das?«

»Na ja, wenn die süße Schwedin gesagt hätte: ›Ich oder Mister Mau ...?‹ Was wäre deine Antwort gewesen?«

Hein dachte einen Moment nach, bevor er zu einer Erwiderung ausholte. Sein Gesichtsausdruck verfinsterte sich, und ich hatte das Gefühl, dass Trauer und Verzweiflung inzwischen einer gewissen Wut gewichen waren. In meinen Augen ein gutes Zeichen.

»Wahre Freundschaft gibt es nur unter Männern ...«, begann er schließlich und wollte fortfahren, als der Ton einer Klangschale die entspannte Pausenatmosphäre zerriss und alle im Dienst befindlichen Kollegen wie elektrisiert in die Fahrzeughalle eilen ließ.

»Feuer in der Kölner Straße 87. Starke Rauchentwicklung. Vermutlich Menschenleben in Gefahr!«, tönte es aus dem Wandlautsprecher, die Aufzählung der einzelnen Einsatzmittel ging im Getöse aufspringender Kollegen unter – und für mich als Zugführer wurde ein mittlerer Albtraum wahr.

Die genannte Einsatzstelle befand sich quasi in unmittelbarer Nachbarschaft, in einer nahe gelegenen Querstraße, keine dreihundert Meter von der Wache entfernt. Für die gewöhnlichen Routinen während der Anfahrt würde keine Zeit bleiben, das Anlegen der kompletten Schutzausrüstung geschieht nun mal nicht von allein, ich konnte und musste also davon ausgehen, dass beim Eintreffen an der besagten Adresse der Angriffstrupp noch nicht vollständig ausgerüstet beziehungsweise einsatzbereit war. Kein schönes Gefühl, das können Sie mir glauben. Ich selbst war froh, dass ich auf der nur circa halbminütigen Anfahrt alle Mess- und Funkgeräte in Gang gebracht hatte; an Heins Stresspegel wollte ich gar nicht denken.

Stellen Sie sich vor, Sie werden zu Hilfe gerufen, während Menschen mit heißem Hintern am Fenster auf Sie warten, und Sie müssen um Entschuldigung und noch ein wenig Geduld bitten, weil die Hose noch nicht richtig sitzt. Zugegeben etwas salopp formuliert, Fakt ist jedoch: Ein nicht komplett ausgerüsteter Feuerwehrmann ist wie ein Eurofighter im Vorgarten: Sieht beeindruckend aus, aber man kann nicht viel damit anfangen.

Noch wenige Sekunden, dann würden wir in die Kölner Straße abbiegen, ab jetzt wurde es ernst. Lage auf Sicht einschätzen, erste Rückmeldung an die Leitstelle geben, Erkundung einleiten, Ergebnisse blitzschnell bewerten und daraus Befehle für den Angriffstrupp und weitere Kräfte ableiten – so ungefähr sollte die nächste Minute ablaufen.

Sie ahnen es, oder? Es kam etwas anders ...

Beim Meldebild »Feuer mit Menschenrettung« rechnet man mit Rauch, Flammen und Tumult auf der Straße, die Kölner Straße jedoch lag so verschlafen und friedlich vor uns wie eh und je. Dennoch durfte ich mich von der vermeintlichen Ruhe nicht täuschen lassen, vielleicht spielte sich das Drama ja in einem Hinterhof ab.

Als wir die besagte Hausnummer erreichten, sprang ich aus dem Löschfahrzeug und versuchte, mir Zugang zum Gebäude zu verschaffen. Aber die Haustür war verschlossen.

»Wenigstens bleibt dem Angriffstrupp jetzt noch Zeit, sich vollständig auszurüsten«, dachte ich und betätigte alle Klingeln am Hauseingang gleichzeitig.

Es vergingen zähe Sekunden, bis endlich ein Türöffner surrte und ich ins Treppenhaus eindringen konnte. Auch hier kein Rauch, nicht mal Brandgeruch. Ein Moment der Erleichterung, bevor ich meine Erkundung fortsetzte. Denn auch und vielleicht gerade bei der Feuerwehr gilt: »Man hat schon Pferde kotzen sehen« und »Vorsicht ist die Mutter der Porzellankiste«.

Der nächste Schritt bestand darin, Kontakt zu den Hausbewohnern aufzunehmen. Gerade wollte ich an eine Wohnungstür im Erdgeschoss hämmern, als sich Thomas, der Führer der Drehleiter, über Funk meldete: »Habe über ein Nachbarhaus Sicht auf die Rückseite des Gebäudes. Großer Garten, vier Balkone, kein Rauch, kein Feuer, und es macht sich auch niemand bemerkbar.«

Alles wichtige Informationen, die zur Entspannung beitrugen; trotzdem war es für eine Entwarnung immer noch zu früh.

»Die Leitstelle will eine Rückmeldung und fragt, ob die Kräfte ausreichend sind«, knarzte im nächsten Moment der Maschinist meines Löschfahrzeugs mit einem gewissen Nachdruck in der Stimme aus dem Funkgerät.

»Noch keine Feststellung!«, gab ich knapp zurück, im Bewusstsein, dass ich endlich Kontakt zu den Bewohnern aufnehmen musste, um den eigentlichen Notrufer zu identifizieren. Leider hatte er keinen Namen hinterlassen, also hieß es Klinken putzen.

Gerade hatte ich einen verschlafenen Schichtarbeiter aus dem Bett geklingelt und erkundigte mich nach einem möglichen Brandereignis im Haus, als mein Maschinist sich erneut meldete und mich wissen ließ: »Die Leitstelle wird ungeduldig!«

»Ich habe immer noch keine Feststellung, aber die Leitstelle kann ja noch mal Kontakt mit dem Anrufer aufnehmen – irgendwas stimmt hier nicht«, antwortete ich leicht genervt und mit einem komischen Gefühl im Bauch.

Mit einem »Entschuldigung ...« wandte ich mich wieder dem in der Tür zu seiner Wohnung stehenden verschlafenen Schichtarbeiter zu, als Hein mit dem Angriffstrupp auftauchte.

»Frage nach Einsatzauftrag«, dröhnte es sonor aus seiner Atemschutzmaske.

Da standen nun drei in Brandschutzkleidung verpackte Kollegen, beladen mit Atemschutzgeräten, Feuerwehraxt, Schlauchkörben, Feuerwehrsicherheitsleinen, Fluchthauben, Wärmebildkamera und Rauchschutzvorhang, und ich war immer noch nicht schlauer.

»Einsatz mit Bereitstellung, noch keine näheren Erkenntnisse«, teilte ich Hein mit und drehte mich zum dritten Mal zum verschlafenen Schichtarbeiter um.

»Nochmals Entschuldigung ...«, aber da war auch schon wieder mein Maschinist am Funk.

»Die Leitstelle bestätigt den Notruf nach Rücksprache mit dem Anrufer. Er kann eine deutliche Rauchentwicklung in der Kölner Straße 87 erkennen«, tönte es aus dem Funkgerät.

»Bei mir brennt nix – ihr könnt mich mal!« Mit diesen Worten schlug der Schichtarbeiter die Tür vor meiner Nase zu und ward nicht mehr gesehen.

»Hier geht doch gerade alles komplett in die Hose. Verdammte Scheiße! Kein Rauch, kein Feuer, aber ein Anrufer, der das genaue Gegenteil bestätigt«, sagte ich zu Hein, der von der Atemschutzmaske behindert vergeblich versuchte, sich an der Nase zu kratzen.

»Die Kölner Straße gibt es mehr als einmal im Stadtgebiet – vielleicht sind wir ja im völlig falschen Stadtteil«, bemerkte Ingo, der Teil von Heins Angriffstrupp war, lapidar. Er zuckte die Schultern. »In dem Fall hätte das Feuer jetzt aber ausreichend Zeit gehabt, sich zu entwickeln.«

»Heilige Mutter Gottes!«, entfuhr es mir, und ich eilte zum Löschfahrzeug, um selbst mit der Leitstelle zu sprechen. »Einsatzstelle Kölner Straße. Bitte nochmals Rücksprache mit dem Anrufer halten. Frage nach Stadtteil. Hier definitiv keine Feststellung!«

Statt eine Antwort zu erhalten, herrschte Stille im Äther. Das wiederum konnte ich gut verstehen. Sollte sich die Einsatzstelle wirklich in einem anderen Stadtteil befinden, brannte dort jetzt nicht nur ein Haus, sondern auch noch ein Hut in der Leitstelle.

Es vergingen lähmende Minuten des Wartens, bis sich ein anderer Disponent über Funk meldete: »Ihr bleibt vor Ort! Die Adresse ist richtig, aber die Lage bleibt unklar. Der Anrufer kommt zu euch, braucht allerdings ein bisschen. Der gute Mann wohnt in einer Parallelstraße.«

Jetzt war die Verwirrung komplett, und zum ersten Mal konnte ich die Frage von Schaulustigen, »Was machen Sie hier eigentlich?«, nachvollziehen.

Da standen wir, glotzten Löcher in die Luft und sahen für Anwohnende und Passanten aus wie bestellt und nicht abgeholt. Die ersten Kollegen suchten nach einer Sitzgelegenheit, ein streunender Hund pinkelte an einen abgestellten Schlauchtragekorb, und ich ließ den Angriffstrupp zumindest

Atemschutzmaske und Pressluftatmer ablegen. Fehlte nur noch ein vertrockneter Strauch, den der Wind durch die Straße trieb. Es vergingen zehn Minuten, bis irgendwann aus einer Seitenstraße ein junger Mann auftauchte, der zielstrebig auf uns zusteuerte.

Mein Bauchgefühl ließ mich ahnen, dass es sich um den Notrufer handelte, auf den wir alle sehnlichst warteten. Mitte zwanzig, circa 1,80 Meter groß, leichtes Übergewicht, Jogginghose, Turnschuhe, WOW-Hoodie, unregelmäßiger Bartwuchs und blass wie eine weiße Wand. Oder anders formuliert – ein hundertprozentiger Nerd mit Vitamin-D-Mangel aufgrund mangelnder Sonnenscheinexposition.

»Ey Mann, ihr habt alle krass stabile Mützen auf«, meinte der junge Mann lässig zur allgemeinen Begrüßung, und wieder einmal sprach ich zu mir selbst: »Okay, und bekifft ist er auch noch.«

»Haben Sie uns in die Kölner Straße 87 zu einem Feuer alarmiert?«, bemühte ich mich um eine sachliche Ansprache.

»Jo Mann, und die Typen von der 112-Hotline haben auch schon zweimal komplett eskaliert zurückgerufen – ich soll mich hier bei so einem Zugführer melden, der will sich wohl bei mir bedanken, haben die gemeint.« Der Nerd sah sich maximal gechillt um, als suche er jemanden mit einer passenden Aufschrift.

Neben mir brach Hein vor Lachen zusammen.

»Der Zugführer steht vor Ihnen. Aber ob ich mich bei Ihnen bedanke, weiß ich noch nicht«, presste ich zähneknirschend hervor. »Als Erstes möchte ich von Ihnen wissen, wie Sie auf die Idee kommen, dass es hier brennt? Offensichtlich waren Sie ja nicht vor Ort, sondern sind gerade erst gemütlich herspaziert.

Damit Sie mich nicht falsch verstehen – lieber einmal zu viel als einmal zu wenig! Aber hier brennt nicht mal ein Streichholz geschweige denn ein großes Feuer mit dazugehöriger Rauchentwicklung. Also: Warum in Gottes Namen haben Sie die 112 angerufen und für eine Menge Lärm und Hektik gesorgt?« Ich durchbohrte den Gelassenen mit einem scharfen Blick.

»Ach? Ach was? Hier hat es gar nicht gebrannt? Ich dachte, Sie hätten schon gelöscht. Aber ich habe den Rauch doch gesehen ... noch als ich vom PC aufgestanden bin ... da war der Rauch, hier am Dach, jede Menge ... ich habe extra die Hausnummer gecheckt«, entgegnete der junge Mann leicht konsterniert.

»Wo genau haben Sie den Rauch denn gesehen?«, hakte Hein, immer noch grinsend, nach.

»Na, auf dem Satellitenbild von meinem Kartendienstanbieter im Internet!«, antwortete der Mittzwanziger mit entwaffnender Selbstverständlichkeit.

Nach dieser Aussage verfiel Hein in einen Lachkrampf, der durchaus Züge von Wahnsinn trug. Gern hätte ich mitgelacht, aber für den Augenblick kämpfte ich mit ganz anderen Gefühlen.

»Ey Mann, lacht der Kerl mich aus oder was?«, fragte unser Nerd und schien tatsächlich angefressen.

»Im Leben nicht – mein Kollege lacht Sie an!«, antwortete ich, um sofort nachzuschieben: »Und was Sie da gesehen haben, das haben Sie für ein Livebild gehalten oder was?«

»Nicht? Ich habe Highspeed und Glasfaser!«, lautete die sinnbefreite Replik.

»Sie haben ein Grillfeuer aus dem letzten Sommer oder den Joint in Ihrem Aschenbecher gesehen – sonst nichts. Und jetzt gehen Sie mir bitte aus den Augen – Sie haben mich Jahre meines Lebens gekostet!« Mit diesen Worten ließ ich den jungen Mann stehen und rief den Rest der Truppe zum Abmarsch.

Kopfschüttelnd wandte ich mich Richtung Löschfahrzeug, als es hinter mir noch mal laut wurde.

»Undank ist der Welt Lohn!«, rief mir der junge Mann mit dem lausigen Bartwuchs hinterher, aber das war mir egal. Hauptsache, niemand war zu Schaden gekommen und es gab eine mehr oder weniger logische, wenn auch debile Erklärung für die Alarmierung.

Irgendwann hatte Hein seinen Lachkrampf überwunden und nahm mich freundschaftlich in den Arm.

»So, mein Freund, jetzt hast du eine Ahnung, was seit geraumer Zeit an mir nagt. Ich mach den Job ja schon ein paar Jahre länger als du, und ich muss dir leider sagen – es wird mit den Jahren nicht besser.«

Heins Worte gaben mir zu denken, denn es stand zu befürchten, dass er recht hatte.

Der Reiher am Weiher

Hein war durch. Mit den Nerven, mit dem Job, mit allem. Und nicht nur das, der tägliche Irrsinn begleitete ihn mittlerweile sogar bis in den Schlaf …

Das allgemeine Erstaunen war groß, Leo und Hermann klatschten sogar, als Hein zur Mittagszeit und außerhalb seines Dienstes mit einem klapprigen Damenrad auf den Innenhof der Wache fuhr. Er fabulierte etwas von ehrlicher und klimafreundlicher Fortbewegung, verfluchte E-Roller und E-Bikes als verlogene Illusion und achtete peinlich darauf, seinen monatsweise »verlorenen« Führerschein nicht als wahre Ursache für seine Fahrradtour preiszugeben.

»Hast du kein schönes Zuhause?«, feixte Leo über den Hof, aber Hein antwortete nicht, sondern eilte zielstrebig in das Büro der Dienstplanung, um möglichst unauffällig ein bisschen hin und her zu tauschen, damit er in nächster Zeit nicht als Maschinist eingeteilt werden würde.

Die Uhrzeit für seinen privaten Wachbesuch hatte Hein natürlich mit Bedacht gewählt – vielleicht ließ sich ja noch ein leckeres Mittagessen abstauben. Doch er wurde jäh enttäuscht.

»Wir sind heute nicht zum Kochen gekommen, ein paar Mann haben Pizza bestellt, der Rest reißt sich eine Dose feinster Ravioli auf«, erklärte Lars, nachdem Hein sich ganz nebenbei nach dem Menü des Tages erkundigt hatte.

Der Kollege hatte seinen Satz noch nicht zu Ende gesprochen, als ein Großalarm den gesamten Löschzug inklusive

Rettungsdienst zu einem Feuer in ein nahe gelegenes Krankenhaus alarmierte.

»Das kann länger dauern. Hein, nimm bitte die Pizza an, die müsste jeden Moment eintrudeln, Geld liegt im Telegrafenzimmer«, rief Lars quer durch die Fahrzeughalle. »Und lass bloß die Finger davon! Wenn wir zurückkommen, haben wir Hunger!«

Hein winkte lässig, während die Kollegen zum Einsatz ausrückten.

»Probieren werde ich ja wohl dürfen«, sprach er leise zu sich selbst, als die Fahrzeuge die Halle verließen und sich mit Blaulicht und Martinshorn ihren Weg durch den Stadtverkehr bahnten.

An dieser Stelle eine kurze Erklärung des Begriffs »Telegrafenzimmer«: Dabei handelt es sich um eine sprachliche Reminiszenz an ein Büro, in dem früher ein Kollege saß, der nichts anderes zu tun hatte, als Notrufe von der Leitstelle an die Kollegen weiterzugeben – finstere, analoge Zeiten, in denen die Gummistiefel quasi noch aus Leder waren.

Da saß Hein nun einsam und verlassen auf der Feuer- und Rettungswache und widmete sich seiner Dienstplanung, als auch schon der Pizzamann mit einem riesigen Warmhalterucksack im Büro auftauchte.

»Wie kommen Sie denn hier herein?«, fragte Hein verdutzt.

»Ich komme in jede Wache rein«, grinste der junge Mann mit dunklen Locken, der durchaus als waschechter Sizilianer hätte durchgehen können. »Ich mache das ja nicht erst seit gestern. Soll ich Ihnen meine Sammlung von Zahlencodes für Zugangsschlösser zeigen?«

Hein winkte ab. »Schon okay. Was haben Sie denn dabei?«

Der Pizzamann öffnete seinen Rucksack und begann auszupacken. »Wir haben die 43, die 66 ohne Paprika, die 122 scharf mit Knoblauch und ...«, zählte er auf, als ihn das Läuten eines knallroten Telefons unterbrach.

Hein griff nach dem Hörer. »Leitstelle! Direktleitung! Entschuldigung, da muss ich kurz ran! – Ja ... Glücklicher Zufall, dass ich hier bin ... Klar! Verstehe. Direkt gegenüber ... gegebenenfalls Reanimation! Natürlich ...« Die Augen des Pizzamannes weiteten sich zusehends.

Hein legte auf. »Wie heißen Sie eigentlich mit Vornamen?«

»Luigi. Warum?« Der junge Mann klang leicht verunsichert.

»Weil wir beide, lieber Luigi, jetzt gemeinsam Leben retten!«, antwortete Hein in einem Tonfall, der keine Widerrede zuließ.

»Wie meinen Sie das?«

»Gegenüber kämpft jemand um sein Leben – und wir werden ihm helfen!« Hein stand auf, packte den Pizzaboten am Ärmel und wollte ihn hinter sich herziehen.

»Aber ... ich bin doch nur der Pizzabote ...«, stammelte Luigi, während er versuchte, Heins eisernen Griff zu lösen.

»Papperlapapp! Du wirst doch wohl irgendwann mal einen Erste-Hilfe-Kurs besucht haben?! Addiert mit Bürgerpflicht bleibt dir gar keine Wahl!«, behauptete Hein. »Außerdem sind Rettungsdienst und Pizzataxi durchaus artverwandt – Hauptsache, das Transportgut ist noch warm. Und jetzt frier hier nicht fest: Wo der Boden nicht vereist ist, darf gelaufen werden!«

In diesem Moment ertönte ein Gong, und Hein schrak hoch. Bis eben hatte er bräsig auf der Couch im Fernsehzimmer gelegen, und er brauchte fünf Sekunden, um seinen Traum und die Wirklichkeit voneinander zu trennen. So ein vegetatives

Nervensystem im Tiefschlaf kann einem schon mal einen Streich spielen. Gehirn und Blutdruck fuhren gerade rechtzeitig wieder hoch, um bei der Wiederholung der Alarmierung alle notwendigen Details aufzunehmen.

»Tier in Not« lautete das Einsatzstichwort, und der zuständige Disponent bat um Rückruf in der Leitstelle. Hein hechtete zum nächsten Telefon.

»Katze auf dem Dach? Dackel im Kaninchenbau? Oder festgefrorene Enten? Was liegt an?«, fragte er weissagend, als er den Kollegen am Apparat hatte. Ich stand neben ihm und versuchte, mir einen Reim auf die Bruchstücke zu machen, die ich vom Gespräch aufschnappte.

»Hm, zwanzig Meter Höhe ... seit Stunden, verstehe ... kämpft um sein Leben ... hm ... am Weiher im Park des Friedens ... Ja ... Ja, dann schauen wir mal.«

Nachdem Hein aufgelegt hatte, schaute ich meinen Freund und Kollegen mit großen Augen an und forderte nonverbal mehr Details, schließlich wollte auch ich mich mental auf den Einsatz vorbereiten.

»Beruhige dich!« Hein setzte sich in Bewegung und winkte mich hinter sich her. Auf dem Weg zur Fahrzeughalle erklärte er: »Alles ohne Alarm. Am Weiher im Park des Friedens hängt wohl ein Reiher in circa zwanzig Metern Höhe in einer Baumkrone fest und versucht seit Stunden verzweifelt, da wegzukommen. Eine Frau Schumacher hat jetzt schon mehrfach angerufen, und wir sollen uns die Sache mal ansehen.«

Keine Minute später waren wir auch schon auf dem Weg. Kaum hatten wir die Wache verlassen, klärte Hein mich darüber auf, dass man mit einem Tempomat nicht blinken kann. Danach ließ er die vorbeiziehende Umwelt auf sich wirken. Ein

Witzbold mit einem Duftbaum am Fahrradlenker entlockte ihm ein amüsiertes: »Ja, wenn er halt stark schwitzt ...«, und eine attraktive Frau um die fünfzig in knallenger Lederhose kommentierte er mehr oder weniger anerkennend, wenn auch leicht chauvinistisch, mit der Bemerkung: »Für ihr Alter steht die aber gut im Strumpf!«

Es sei ihm verziehen, dachte ich und deutete es als gutes Zeichen; offensichtlich hatte er seine Alma langsam, aber sicher überwunden.

Die Zufahrt zum besagten Weiher im Park des Friedens stellte sich indes als nicht ganz unkompliziert heraus. Über beide Fahrspuren der Hauptverkehrsstraße holte ich aus, während Hein die Schranke, die den Park vor unbefugtem Befahren schützte, mit einem speziellen Schlüssel öffnete. Danach ging es bergab, was die Rampenwinkel unseres Großfahrzeugs an ihre Grenzen brachte, aber irgendwann stand die Drehleiter gut und sicher auf einem asphaltierten Weg, der den Weiher umrundete.

Ab hier wollten wir die Lage zu Fuß erkunden, denn da das Gewässer gute 6.400 Quadratmeter maß, hatten wir nicht die geringste Ahnung, wo genau das arme Vogeltier gefangen saß und wir das Hubrettungsgerät in Stellung bringen sollten. Die Szene erinnerte ein wenig an den Spaziergang eines alten Ehepaares. Hein und ich schlenderten über den Gehweg und ließen dabei den Blick durch die Bäume schweifen, immer auf der Suche nach dem Reiher in Not. Von außen betrachtet mussten wir einen romantischen Eindruck erwecken – zwei verliebte schwule Feuerwehrmänner, die in Einsatzuniform ihre Sonntagsrunde drehen. Fehlte nur noch, dass wir Händchen hielten.

»Untersteh dich«, brummte Hein, als ich ihm meine Gedanken mitteilte. »Es reicht schon, dass wir gemeinsam Urlaub machen.« Ich boxte ihm in die Seite, als er anhielt und auf zwei Männer deutete – Mitarbeiter des zuständigen Bauhofs, die ein Entenhotel renovierten. »Lass uns die Jungs da fragen.«

Leider konnten sie uns keine sachdienlichen Hinweise geben. Als Nächstes begegneten wir spielenden Vorschulterroristen, die um uns herumliefen und fragten, ob wir echt seien. Nachdem wir bejaht hatten, tauschte Hein das Autogramm eines »wirklich total echten« Feuerwehrmannes gegen die Auskunft, dass auch die Rabaukentruppe nichts Auffälliges bemerkt hatte.

Wir hatten die Runde zu drei Vierteln zurückgelegt, als Hein plötzlich innehielt und seufzend feststellte: »Da ist unser Reiher!«

»Wo?«, fragte ich und glotzte ungezielt in die unbelaubten Bäume der näheren Umgebung.

Hein behielt die Hände in den Hosentaschen und deutete mit einem nach oben gewandten Kopfnicken in eine Baumkrone direkt vor uns. Dort flatterte eine handelsübliche blaue Mülltüte majestätisch im Wind, die sich offensichtlich im Geäst verfangen hatte.

Eine Weile standen wir da und beobachteten wortlos das unwürdige Windspiel einer Hinterlassenschaft der Industriegesellschaft.

»Das kann ja wohl kaum der Grund für unseren Einsatz sein«, meinte ich irgendwann, aber Hein war sich da nicht so sicher.

»Ich glaube, Aiolos, der altgriechische Gott des Windes, hat Schuld. Und bis wir das abschließend geklärt haben, bringe ich die Drehleiter in Stellung, während du noch mal mit der Leitstelle telefonierst. Wo wir schon mal hier sind, können wir das Ding auch entfernen. Ansonsten ruft der nächste selbst ernannte Ornithologe an oder die Tüte landet als Mikroplastik in der Leber deiner Ur-Ur-Urenkel. Beides würde ich gern verhindern«, sprach mein Lieblingskollege und machte sich auf den Weg zu unserem Fahrzeug.

Währenddessen zückte ich das Diensthandy und hielt Rücksprache mit der Leitstelle.

»Wir haben hier zwar keinen Vogel, aber ...«, weiter kam ich nicht.

»So ein Zufall. Wir haben die Frau Schumacher gerade wieder in der Leitung«, unterbrach mich der Dienststellendisponent. »Der Vogel kämpft immer noch um sein Leben!«

»Bleib dran – die Situation klärt sich gleich!«, unterbrach ich nun meinerseits.

Hein kam indes mit dem Hubrettungsfahrzeug angerollt, stützte es ab und fuhr mit dem Rettungskorb auf knapp 15 Meter Höhe, als der Disponent sich erneut zu Wort meldete: »Die Frau kann euch nun von ihrer Wohnung aus sehen. Sie ist sehr dankbar und macht sich auf den Weg zu euch. Sie möchte unbedingt an der Rettung teilhaben.«

»Nicht nötig, es ist nur eine blöde Mülltüte ...«, entgegnete ich, doch offenbar war die Notruferin von ungeduldiger Natur.

»Zu spät, Frau Schumacher hat schon aufgelegt und ist unterwegs«, antwortete der Kollege in der Leitstelle und beendete seinerseits das Telefonat. Ich wurde das Gefühl nicht los, dass auch er den Einsatz endgültig abschließen wollte. Man könnte auch sagen, er hatte mich abgewürgt.

Hein bahnte sich derweil per Joystick mit dem Rettungskorb einen Weg durch Äste und Zweige, bis er schließlich der blauen Mülltüte habhaft werden konnte. Keine zwei Minuten später stand er auch schon wieder auf festem Boden, als sich uns eine wild gestikulierende Frau forschen Schrittes näherte.

Die Dame war durchaus imposant, geschätzte Mitte sechzig, circa 1,70 Meter groß, umhüllt von einem bodenlangen Pelzmantel, unter dem unpassende Plastiklatschen herausragten, dazu eine blond gefärbte toupierte Mähne und ein Gesichtsausdruck, der bereits von Weitem jeden Widerspruch verbot.

»Das kann lustig werden«, stellte ich fest, als das Feuerwerk auch schon begann.

»Wo ist der arme Vogel? Und wo waren Sie so lange?«, bellte Madame uns an der Grenze zur Unfreundlichkeit an, natürlich ohne sich vorzustellen.

»Hier!«, meinte Hein mit entwaffnend selbstverständlichem Tonfall und präsentierte die im Wind wehende Mülltüte stolz am ausgestreckten Arm.

»Wollen Sie mich auf den Arm nehmen?«, fragte die künstliche Blondine angriffslustig.

Hein blieb seelenruhig. »Wer hat denn bitte schön damit angefangen?«, antwortete er bewusst freundlich.

»Wollen Sie mir etwa Vorwürfe machen? Ich bin Mitglied im WWF, BUND, NABU und DUH!«, keifte die Dame schrill zurück.

»Na ja, vom Pelzmantel mal abgesehen. Wenn der Vogel seit Stunden um sein Leben kämpft, Sie allerdings erst jetzt den Weg bis hierher auf sich nehmen, dann stellt sich mir schon die Frage, warum Sie nicht schon früher ...? Denn dann hätten Sie vielleicht ...?«, versuchte Hein, unser gemeinsames Unverständnis zu erklären.

Doch in diesem Augenblick war das Gespräch auch schon beendet. Der toupierte Pelzmantel in Plastiklatschen zeigte uns, wenig damenhaft, zwei Mittelfinger, wandte sich ab und ließ uns stehen.

Da war er wieder, der Moment, in dem Hein resignierte und ausführlich über sein leidendes berufliches Selbstverständnis philosophierte.

»Ich fühle mich schon wieder so schrecklich müde«, endete er seufzend, während wir den Park des Friedens verließen. »Und ich träume mittlerweile von dem Scheiß.«

Keine zwei Wochen später forderte uns die Verwaltung zur schriftlichen Stellungnahme auf. Offenbar hatte sich Frau Schumacher über uns und unser Verhalten beschwert. Die Geschichte verlief im Sande, doch manchmal versteht man die Welt wirklich nicht mehr.

Der Herr der Ringe

Der Altersdurchschnitt der heutigen Schicht war eher unterdurchschnittlich. Hein und ich waren quasi die Alterspräsidenten, während der Rest der Besatzung auf dem Löschfahrzeug getrost als junges Gemüse durchging.

Michael, Leon, Silas und Martin bildeten zwei blutjunge Angriffstrupps ohne nennenswerte Einsatzerfahrung, Hein, wieder im Besitz seiner Fahrerlaubnis, war als Maschinist eingeteilt, und ich sollte den spätpubertierenden Haufen im Einsatz führen – da konnte ein kleines Sturzgebet zu Schichtbeginn nicht schaden.

Das Vaterunser war noch nicht beendet, da rief die Leitstelle auch schon zum ersten Einsatz. Ein Rettungswagen hatte technische Hilfeleistung angefordert, laut Meldung eine Mischung aus Tragehilfe und Rettung aus beengten Verhältnissen. Mir kam das gerade recht, denn diese Art von Einsatz eignet sich hervorragend zur Teambildung, bevor es irgendwann wirklich dramatisch wird und man sich blind aufeinander verlassen muss.

Wenige Minuten später blickte ich in einen diffus beleuchteten Kellerabgang, in dem der Rettungsdienst eine männliche Person versorgte, die zuvor offensichtlich die zugehörige Treppe hinuntergestürzt war.

»Genauso habe ich im ersten Moment auch geguckt«, begrüßte mich Notarzt Lange aus der Unterwelt, als er meinen Blick bemerkte. Der Kellerabgang war kaum breiter als ein Bierkasten. Wenn ich die Arme in die Hüfte stemmte, schrammte ich mit beiden Ellenbogen am Gemäuer, und die Decke war so niedrig, dass ich den Kopf einziehen musste. Außer dem Notarzt und seinen Gerätschaften quetschten sich zwei Rettungskräfte und ein trübe aus seinen Augen blickender Zivilist in diesen Tunnel – ein Anblick, bei dem mir durchaus klaustrophobische Gedanken kamen.

»Eigentlich müssten wir ihn mit Käse überbacken«, brummte Notarzt Lange mit Wink auf seinen Patienten. »Mit Käse ist alles besser ... aber jetzt mal ohne Spaß. Oben gibts eine lustige Partygesellschaft mit morgendlichem Kollektivkater, und die hat Torben irgendwann vermisst und ihn nach längerer Suche schließlich hier unten gefunden.«

»Der Torben wollte entweder Bier holen oder aufs Klo!«, ergänzte der Typ mit glasigem Blick und offensichtlich schwerer Zunge, der sich mit der Wange an der Wand abstützte. »Wenn Sie mich fragen, hat der Torben den Kühlschrank mit dem Klo verwechselt oder mit dem Keller oder mit seiner Wohnung. Da ist die Tür nämlich auch links ... oder rechts ... oder in der Mitte ... nja.«

»Wie auch immer ...« Lange verdrehte die Augen. Vermutlich lag bereits eine entnervende Befragung mit zu viel Restalkohol hinter ihm. »Bei unserem Eintreffen war Torben bewusstlos. Außerdem hat er eingenässt und ein Unterschenkel ist gebrochen. Kann alles sein – entweder nur besoffen mit nächtlichem Harndrang oder das volle Programm mit Schädel-Hirn- und Wirbelsäulentrauma etc. Anmeldung im Traumazentrum läuft, aber wir brauchen euch, damit wir hier zügig und sauber rauskommen. Zwar haben uns die Partypeople ihre Hilfe angeboten, aber die haben wir dankend abgelehnt.« Notarzt Lange vermied den Blick zum Lallenden hinauf und prüfte eingestellte Parameter an einem Beatmungsgerät.

»Verstehe«, antwortete ich und gab meinen Angriffstrupps entsprechende Befehle, um den Rettungsdienst zu unterstützen.

Seit ihrem Eintreffen vor circa dreißig Minuten hatten die Kollegen alles gegeben. Torben war verkabelt, über einen »dicken« Zugang lief nach der Narkose eine Infusion in eine Vene, er war intubiert und beatmet, der Unterschenkel geschient, und obendrein steckte das Treppenopfer bereits in einer Art Rettungskorsett, das weitere Manipulationen an der Wirbelsäule vermeiden sollte. Unter den herrschenden Platzverhältnissen eine wirklich reife Leistung.

Jetzt galt es, den Patienten samt Ausrüstung möglichst schonend aus dem Keller zu befördern, und an dieser Stelle kamen wir ins Spiel – es brauchte einfach viele Hände.

Nachdem wir unsere Schutzjacken abgelegt hatten, weil wir damit einfach nicht in den Gang gepasst hätten, zogen wir Torben mithilfe von Tragegriffen am Rettungskorsett behutsam auf ein formstabiles Kunststoffbrett, welches uns ermöglichte, ihn sach- und fachgerecht ins Erdgeschoss zu transportieren.

Michael und Leon trugen am Kopfende, Silas und Martin packten das Fußteil, Notarzt Lange führte das Beatmungsgerät nach und achtete peinlich genau darauf, dass kein Zug am Beatmungsschlauch entstand. Die übrige Rettungsdiensttruppe evakuierte die restliche Ausrüstung. Und jeder von uns schrammte sich die Unterarme an der unverputzten Backsteinmauer auf.

Gut 15 Minuten nach unserem Eintreffen befand sich Torben auf dem Weg in ein Klinikum der Maximaltherapie, und wir uns auf dem Weg zurück zur Wache. Alles hatte prima funktioniert, ich war zufrieden, so durfte der Tag weitergehen.

»Ein schöner Einsatz«, sagte ich lapidar zu Hein, aber der antwortete nicht, sondern zuckte nur gleichgültig mit den Schultern. »Nicht?«

»Es gibt keine schönen Einsätze! Nur wenn wir faul sein dürfen, gehts dem Bürger gut«, meinte Hein und schaute konzentriert auf die Straße.

Ausnahmsweise wollte ich ihm nicht das letzte Wort überlassen und entschloss mich daher zu einer Replik, die eigentlich keine Antwort zuließ: »Wenn ich dir jetzt beipflichte, dann haben wir beide unrecht.«

Ich hatte den Satz gerade ausgesprochen, und Hein holte tief Luft, um zu kontern, als sich erneut die Leitstelle meldete: »Für das HLF 3 geht es weiter, erneut technische Hilfeleistung, diesmal innerhalb des Kreuzherrenkrankenhauses. Klingt komisch, ist aber so. Weitere Informationen vor Ort, euch erwartet die diensthabende Urologin.«

Ich bestätigte den Einsatzbefehl, und Hein entfuhr ein aufstöhnendes »Och nö«. Ich wusste genau, was er meinte. Technische Hilfeleistungen in Krankenhäusern sind per se ungewöhnlich, denn in der Regel verfügen die entsprechenden Abteilungen über eine für ihre Belange sehr gute technische Ausstattung, aber spätestens, wenn die Urologie ins Spiel kommt, wird die Wahl im wahrsten Sinne des Wortes eng.

»Penisring!«, stellte ich nüchtern fest, und Hein nickte mutmaßlich zustimmend.

Auf der weiteren Anfahrt machte ich mir so meine Gedanken, was sich der Mensch im Rahmen der Sexualität alles selbst antut. In über zwanzig Jahren Einsatzerfahrung hatte ich so einiges gesehen, aber nur wenig davon verstanden. Zwar würde ich mich nicht als prüde bezeichnen, und ich kann sogar nachvollziehen, dass in der Erfahrung von Schmerz mitunter ein gewisser Reiz liegen kann, ab dem Moment jedoch, ab dem man Gefahr läuft, ein nicht ganz unwichtiges Körperteil zu verlieren, hört für mich der Spaß auf. Immerhin reden wir hier ja nicht über den kleinen Finger.

Als Hein das Löschfahrzeug vor dem Krankenhaus zum Stehen brachte, erwartete uns bereits eine hübsche junge Ärztin, deren weißer Kittel dramatisch im Wind wehte.

»Dr. Borceau mein Name, und bevor Sie fragen, ja, das ist Französisch. Folgen Sie mir bitte«, stellte sich die Urologin vor und wandte sich bereits in Richtung Haupteingang, als Hein vorab noch nähere Informationen einforderte.

»Entschuldigung, was liegt eigentlich an?«, fragte er, und sie blieb stehen. »Wir wurden über Funk alarmiert und kennen somit keine Details, wir spekulieren zwar über einen Penisring, der entfernt werden muss, aber das ist nur eine Vermutung. Wir würden gern abschätzen, welche Werkzeuge wir brauchen.«

»Natürlich, Sie haben recht. Genau genommen sind es drei! Drei Penisringe an einem Menschen, jeweils fünf bis sechs Millimeter Vollmaterial, irgendeine besonders harte Legierung, mit der wir materiell überfordert sind«, antwortete die Ärztin, ohne eine Miene zu verziehen – ganz im Gegensatz zu unseren blutjungen Kollegen, die durchaus große Augen machten.

»Wir nehmen einfach alles mit, was nützlich sein kann«, wies ich daraufhin an, und ein schwer bepackter Gänsemarsch folgte der Urologin ins Krankenhausgebäude.

Michael und Silas trugen dicke Werkzeugkoffer, Leon ein manuelles hydraulisches Schneidegerät, und Martin schulterte einen 120 Zentimeter langen Bolzenschneider. Unser Einmarsch durch die urologische Ambulanz im zweiten Obergeschoss verfehlte seine Wirkung keinesfalls. Wer will, darf ihn durchaus als martialisch beschreiben. Sechs Feuerwehrmänner, die eher aussehen, als würden sie einen Wasserrohrbruch beheben statt eine mechanische Abflussstauung an einem Penis, sorgen nicht gerade dafür, dass man sich mit Vorfreude aus dem Wartebereich ins nächste freie Behandlungszimmer begibt.

Mit unserem Eintreten verstummten zunächst alle Gespräche zwischen den Wartenden. Augenkontakt mit uns wurde bewusst vermieden, und ein beschämtes Schweigen füllte den Raum. Irgendwie schienen alle zu wissen, worum es ging, und als der letzte Feuerwehrmann das eigentliche Behandlungszimmer betrat, setzte aufgeregtes Getuschel ein.

Ich hatte einen Mann erwartet, der bereits entkleidet auf einem fahrbaren OP-Tisch lag, stattdessen erwartete uns ein jung gebliebener Yul-Brynner-Typ, der sich stehend an einem Schreibtisch festhielt und gequält von einem Bein aufs andere trat. Schweißperlen glänzten auf seiner gebräunten und polierten Glatze, ein Hawaiihemd mit Palmenmuster bedeckte den Oberkörper samt leichtem Bauchansatz, und eine weite graue Jogginghose umfing die Beine. Sein Gesichtsausdruck war angestrengt, die Haut von Akne vernarbt, dabei aber immer noch attraktiv. Falten und Narben erzählten als Zeichen der Zeit eine wilde Geschichte. Unser Patient hatte in seinem bisherigen Leben sicherlich nicht unter Langeweile gelitten, und auch heute würde kein ganz normaler Tag in unser aller Leben werden, so viel stand fest.

»Bis die Ringe ab sind, ist der gute Mann Ihr Fall«, wandte sich Frau Dr. Borceau an Hein und mich, und wir nickten, um einen sicheren Eindruck bemüht.

»Dann lassen Sie mal sehen, immer raus mit der Hosenschlange«, sprach Hein aufmunternd den Patienten an, erntete allerdings nur eine missmutige Miene.

Bis heute bin ich unserem Patienten dankbar, dass er uns behutsam mit dem konfrontierte, was metallisches Sexspielzeug für Auswirkungen zu bieten hat. Zögerlich zog er die Jogginghose herunter, und an der oberen Peniswurzel, medizinisch auch Radix genannt, blitzten zwei aneinanderliegende Edelstahlringe auf.

»Kriegen Sie die Dinger ab?«, fragte der Herr der Ringe leidend.

Hein antwortete seinem Naturell entsprechend grobschlächtig: »Es wären die ersten, die dranblieben ... ab auf die Liege und Hosen komplett runter, damit wir uns ein Bild vom ganzen Drama machen können – ab jetzt wird gearbeitet!«

Unser Patient tat, wie ihm geheißen, und im nächsten Moment machten nicht nur die jungen Kollegen große Augen, denn solch ein Anblick, wie er sich nun bot, war uns in über vierzig Jahren gemeinsamer Einsatzerfahrung auch noch nie begegnet.

Um Ihnen als Leser einen nachvollziehbaren Eindruck der Situation zu verschaffen, möchte ich Sie zunächst in die Obst- und Gemüseabteilung eines gut sortierten Supermarktes entführen.

Der Hodensack, der unglücklicherweise ebenfalls in die Penisringe eingeführt worden war, hatte die Größe einer Zuckermelone angenommen, und die prominenten Blutgefäße, die sich auf seiner Oberfläche deutlich abzeichneten, imitierten verblüffend echt die Struktur der Südfrucht, von der glänzenden blau-lila Färbung mal abgesehen. In ähnlichem Kolorit schimmerte ein über die Maßen gefüllter Schwellkörper, der optisch nur noch wenig mit einem männlichen Geschlechtsorgan gemein hatte. Eine Aubergine kam sowohl in Farbe als auch in Form der Sache am nächsten, wäre da nicht der dritte Metallring gewesen, der die Eichel nochmals abschnürte und die Schwellung besonders betonte.

»Gott im Himmel, heilige Scheiße!«, entfuhr es mir spontan, und wieder – nicht zum ersten Mal in meinem Berufsleben – erlebte ich Fremdschmerz.

Basis für jeden Einsatzerfolg ist eine gründliche und gewissenhafte Erkundung, um im Anschluss Maßnahmen zu ergreifen, die schnell, sicher und verhältnismäßig sind. Also zogen Hein und ich uns medizinische Gummihandschuhe an und begannen mit einer Inspektion des Genitalbereichs unseres Patienten.

Hein fummelte am Schwellkörper und prüfte, ob sich der Penisring an der Eichel verschieben ließ, während ich mir ein Bild über die Platzverhältnisse am Hodensack machte.

»Mein Gott, ist das peinlich!«, stöhnte der Herr der Ringe beschämt, aber es nutzte ja nichts. Das Worst-Case-Szenario war nun mal eingetreten, und auch als Feuerwehrmann kann man sich, unabhängig von jeder sexuellen Orientierung, Schöneres vorstellen, als an einem Penis herumzufummeln, der, einer dicken Brühwurst nicht unähnlich, kurz vorm Platzen steht.

»Wie lange sind die Dinger denn schon dran?«, erkundigte sich Hein.

»Mindestens 48 Stunden«, lautete die nüchterne Antwort der Urologin, die mit verschränkten Armen neben uns stand und zuschaute.

Hein seufzte tief, bevor er kommentierte: »Nicht Ihr Ernst, oder?«

Für mich als Zugführer wurde es indessen Zeit, den Einsatzverlauf voranzutreiben. »Spielt jetzt keine Rolle, wie lange die Ringe dran sind, ab müssen sie, darum geht es! Wie immer werden wir unsere Maßnahmen langsam eskalieren, heißt: Wir versuchen erst mal die einfachste Option. Her mit dem Bolzenschneider.« Ich streckte meine Hand in Richtung Martin aus, der das Gerät immer noch schulterte.

Die Gesichtsfarbe unseres Patienten änderte sich schlagartig ins Aschfahle, als das handgeführte Schneidegerät über ihm schwebte, aber, um es kurz zu machen, der Versuch scheiterte kläglich. Am Hodensack fanden die Schneidflächen aufgrund der zwei aneinanderliegenden Ringe keine Angriffsfläche und rutschten immer wieder ab, und an der Eichel lag der Ring so tief im Gewebe eingebettet, dass bei dieser Vorgehensweise massive Verletzungen vorprogrammiert waren; da hätten wir das beste Stück auch gleich abschneiden können.

»Und jetzt?«, erkundigte sich unser Patient, der wohl auf eine schnelle Befreiung gehofft hatte.

»Jetzt kommt schweres Gerät zum Einsatz«, antwortete Hein.

»Schwereres Gerät als der Bolzenschneider?« Der Mann auf der Liege machte ein ungläubiges Gesicht, während die Schweißperlen auf seiner Glatze größer wurden.

»Jo! Her mit dem Geradschleifer, und ich hätte gern den Diamantfräskopf eingespannt«, wies ich Silas an, der einen der Werkzeugkoffer hütete.

»Das wird heiß! Wir müssen kühlen«, meinte Hein vielsagend; ab jetzt wurde der Aufwand größer.

Die Gefahr, mit dem Diamantfräskopf von den Metallringen abzurutschen, war groß, schließlich ging es nicht um ein eingespanntes Werkstück auf einer Standbohrmaschine. Also mussten wir das umliegende Gewebe schützen und irgendwie unterbauen. Hein ließ seinen Blick nach geeignetem Material schweifen und fand auf einem Untersuchungstisch gebogene Prostatahaken, die wir mit Müh und Not und einer ordentlichen Portion Gleitmittel unter die Ringe am Penisschaft bugsierten. Leon bekam eine gekühlte Infusion in die Hände gedrückt, aus der er mit einem entsprechenden Infusionssystem langsam Flüssigkeit ablassen konnte, und unser Patient wurde angewiesen, möglichst entspannt liegen zu bleiben. Mit einem Stöhnen signalisierte er seine Zustimmung.

Dem Rumoren vor der Tür nach zu schließen, sorgte das Geräusch der Fräse auch im Warteraum für eine gewisse Dramatik, dabei war noch gar nichts passiert. Zu Testzwecken hatte Silas die Maschine lediglich kurz anlaufen lassen.

»Dein Spiel!«, sagte Hein und deutete mit dem Finger auf mich. »Wer das Instrument bestellt, der muss auch darauf spielen«, fuhr er süffisant fort und machte damit klar, wer jetzt Hand anlegen durfte.

Der Patient schwitzte, Leon ließ laufen und von einem hässlichen Geräusch begleitet fräste ich, was das Zeug hielt. Im Gegensatz zu mir blieben die Penisringe von der Prozedur allerdings unbeeindruckt. Hoch konzentriert versuchte ich, den Fräskopf auf einen Punkt auf einem der Metallringe zu zentrieren, doch nach gut zwei Minuten musste ich einsehen, dass die Maßnahme zwar laut, aber nicht zielführend war. Immer wieder zuckte unser Yul-Brynner-Verschnitt am ganzen Körper, wer wollte es ihm verdenken, was mir die Führung der

Fräse zusätzlich erschwerte. Man konnte es drehen und wenden, wie man wollte, oder eben auch nicht – mehr als ein paar tiefe Kratzer hatte ich den Metallringen nicht zugefügt.

Ob unpassend oder nicht, darf jeder Lesende selbst entscheiden, in jedem Fall fühlte sich Frau Dr. Borceau zu einem Kommentar berufen.

»Wir in unserem Haus empfehlen ja Penisringe aus Kunststoff«, warf sie lapidar in den Raum und erntete damit unterschiedliche Reaktionen.

Der Patient verdrehte die Augen, mir entglitten die Gesichtszüge, und der Rest der Truppe versuchte, sich ein dämliches Grinsen zu verkneifen.

»Dann ist jetzt wohl die Zeit für das Hochgeschwindigkeitsrotationswerkzeug gekommen«, sprach Hein mit Pathos in der Stimme.

Ich nickte und erwiderte: »Danach sind aber auch wir mit unserem Latein am Ende. Ich hoffe, du reißt uns raus, Hein!« Ich war durchaus hoffnungsvoll, denn mit Kaltschnäuzigkeit und Erfahrung hatte mein Lieblingskollege schon viele Kühe vom Eis geholt. Warum sollte er diesmal versagen?

Silas kramte erneut in seinem Werkzeugkoffer und montierte ein winziges Sägeblatt in das Hochgeschwindigkeitsrotationswerkzeug, während Hein seine Hände verschränkte und die Knochen knacken ließ.

»Sie wissen, was Sie tun – oder?«, meldete sich der Herr der Ringe, dessen Blick zwischen der Ärztin, Hein und mir unsicher hin und her wanderte.

»Natürlich!«, antwortete ich stellvertretend für Hein, der das Werkzeug von Silas übernahm und sich auf einem Hocker in Position brachte. Dem Mann auf der Trage entfuhr ein

Seufzer, der zwischen Sorge und Selbstaufgabe changierte, aber mal ehrlich – was blieb dem armen Kerl übrig? Sicher: Die ganze Situation war selbst gewähltes Leid, doch wer hat im Leben noch keine Scheiße gebaut, deren Beseitigung fremde Hilfe erforderlich machte?

Hein konzentrierte sich zunächst auf einen der Ringe am Penisschaft, hier hatte er die beste Angriffsfläche, und der untergeschobene Prostatahaken sorgte für eine gewisse Sicherheit.

Inzwischen standen nicht nur unserem Patienten Schweißperlen auf der Stirn, auch Heins Kopfdichtung war undicht. Seine Arbeitsschritte wiederholten sich, schneiden, prüfen, neu ansetzen, schneiden, während Leon kühlte, was das Zeug hielt. Unser Patient lag mittlerweile in einer kalten Pfütze aus Infusionsflüssigkeit, sicherlich auch nicht angenehm, aber darauf konnten wir im Augenblick wirklich keine Rücksicht nehmen.

Schneiden, prüfen, neu ansetzen, schneiden ... und Kühlflüssigkeit, viel Kühlflüssigkeit, so vergingen Minuten, bis Hein den ersten Ring tatsächlich durchtrennt hatte. Der Jubel eines Olympiasiegers hätte nicht größer sein können, doch leider war der Kampf noch längst nicht gewonnen. Der erste Ring war zwar durchtrennt, aber noch lange nicht ab. Der Versuch, das Schmuckstück aufzubiegen, scheiterte an Härte und Stärke des Materials.

»Woraus bestehen die Dinger – Titan?«, entfuhr es Hein fragend, der ein kleines Päuschen gut gebrauchen konnte.

»Werkzeugstahl für Zugbrücken, mit das härteste Zeug der Welt. Ich bin Bauingenieur«, gab der Mann auf der Trage als Antwort kleinlaut von sich.

»Ist klar, bei Penis denke ich auch immer sofort an Brückenpfeiler, dann ab jetzt also nur noch fünfmal«, seufzte Hein mit einem Hauch von Zuversicht.

Da der Ring sich keinen einzigen Millimeter biegen ließ, musste er um 180 Grad gedreht werden, um auf der gegenüberliegenden Seite erneut einen Schnitt durchführen zu können. Drei Ringe, ergo sechs Schnitte. Leider konnten die Schnittflächen mangels Raum nicht entgratet werden, und auch die Bauchlage ergab keinen Sinn, sodass es beim Drehen zu leichten Kollateralschäden kam. Obwohl unser Patient wie ein Schulkind jammerte, setzte irgendwann fast so etwas wie Routine ein, und nach dreißig anstrengenden Minuten waren zumindest die aneinanderliegenden Ringe am Penisschaft entfernt.

Fehlte noch das Schmuckstück, das die Eichel umfing, und dieser Kamerad stellte sicherlich die größte Herausforderung dar. Stellen Sie sich einen Draht vor, der über Jahre tief in eine Baumrinde eingewachsen ist. Das kleine Sägeblatt des Hochgeschwindigkeitsrotationswerkzeugs kam nicht infrage – es würde sofort auf mit Blut prall gefülltes Gewebe treffen und dort ein entsprechendes Massaker veranstalten. Die Prostatahaken, die bisher als mechanisches Schutzschild gute Dienste geleistet hatten, fielen an dieser Stelle ebenfalls aus, also mussten wir uns etwas anderes einfallen lassen.

Hein durchsuchte den Behandlungsraum nach einer Alternative und wurde in der letzten von gefühlt zweihundert Schubladen fündig.

»Ha!«, rief er begeistert und hielt einen dünnen Plastikspatel in die Höhe, von dem er hoffte, ihn unter den Penisring schieben zu können.

Alles war nass, glitschig und irgendwie eklig, ich habe nun mal nicht gern anderer Männer Geschlechtsteil in Händen, aber es half nichts. Ich komprimierte die fleischgewordene Aubergine an der Unterseite an zwei Stellen so weit, bis Hein den dünnen Plastikspatel mehr oder weniger sanft unter den Metallring schieben konnte, und Yul Brynner entfuhr ein spitzer Schrei.

»Puh, das wäre geschafft«, entfuhr es mir freudig, was direkt zu Missverständnissen führte.

»Ist er ab? Ist er ab?«, ächzte der Herr der Ringe hoffnungsvoll in den Raum. Dabei hielt er sich die Augen zu und biss zeitgleich in den Kragen seines Hawaiihemds.

»Nicht ganz. Tut mir leid, wenn ich Hoffnung gesät habe. Ehrlich gesagt, fangen wir gerade erst an, uns dem Problem zu nähern«, antwortete ich kleinlaut, und unser Patient sackte noch ein wenig mehr in sich zusammen.

»O Gott! Warum?«, entfuhr es ihm noch klagend, dann machte Hein sich wieder ans Werk.

»Das kann sich jetzt ein wenig anders anfühlen als vorhin«, erklärte mein Lieblingskollege, bevor er die kleine Maschine anlaufen ließ. Erneut wiederholten sich die Arbeitsschritte schneiden, prüfen, neu ansetzen und wieder schneiden, allerdings rutschte jetzt hier und da das Sägeblatt ab und verließ schwungartig den Spalt, den es bisher geschaffen hatte. »Ssssrrrrrrrr …« ertönte es dann schrill, und Hein hatte Mühe, das Rotationswerkzeug unter Kontrolle zu halten.

Aus Sorge, dass Hein mir in die Finger sägte, schließlich spielte ich immer noch den Schraubstock für die Aubergine, beschleunigte sich mein Herzschlag zu einem dauerhaften Trommelwirbel, und ich musste ein paarmal tief atmen, um nicht zurückzuzucken.

Unserem Patienten ging es nicht besser. »Schneiden Sie schon ins Fleisch? Fließt schon Blut?«, eskalierte der Mann auf der Liege.

»Nein! Ich bin extrem vorsichtig, aber vielleicht ist genau das das Problem – je mehr Mühe man sich gibt, desto schwieriger wird es«, murmelte Hein, dem der Schweiß inzwischen in Bächen die Schläfen hinunterrann.

»Wie sieht eigentlich die Prognose aus?«, wandte ich mich an die Urologin, um uns alle einen Moment lang abzulenken.

Leider führte die Antwort nicht zur erhofften Entspannung.

»Sie meinen, ob wir das Ding nicht direkt besser komplett amputiert hätten? Schwer zu sagen. Das Ödem wird Zeit brauchen, um sich zurückzubilden. Danach wird man sehen, welcher Schaden am Gewebe entstanden ist – 48 Stunden sind eine lange Zeit«, antwortete Frau Dr. Borceau schulterzuckend und mit medizinischer Nüchternheit.

Es folgte zweiminütiges Schweigen, bis Hein die Schultern straffte und verkündete: »Auf gehts zur letzten Runde!«

Schneiden, prüfen, zwischendurch ein schrilles »Ssssrrrrrrr«, neu ansetzen und wieder schneiden – so vergingen die nächsten zehn Minuten, bis nach insgesamt einer guten Stunde alle Ringe entfernt waren.

»So, fertig – und der Pimmel ist noch dran!«, frohlockte Hein stolz, während er den letzten metallenen Halbbogen klirrend in eine Nierenschale aus Edelstahl warf.

Yul Brynner sprang befreit von der Liege auf und massierte unter lauten »Danke! Danke! Danke!«-Rufen sein Gemächt. Auch von uns anderen fiel die Anspannung ab, und obwohl zumindest ich über keinerlei Erfahrung mit Penisringen verfüge, konnte ich die Erleichterung des Mannes sehr gut nachvollziehen.

Die Frage der Urologin: »Wollen Sie die Dinger als Andenken behalten?«, verhallte in der allgemeinen Begeisterung über den Einsatzerfolg ohne Antwort. Für den Herrn der Ringe begann jetzt erst die eigentliche medizinische Behandlung, wir packten derweil unsere Werkzeuge zusammen und machten uns zum Abmarsch fertig, als Michael, der bislang unbeteiligt in der Ecke gestanden hatte, noch kurz das Wort ergriff: »Ne, das machen Sie auch nicht noch mal, oder?«

Bombenstimmung und andere Sorgen

Lange Zeit ähnelte Leos Büro einem Museum aus den 1970er-Jahren. Grau marmorierter Linoleumboden, Regale und ein Tisch aus Pressspann, hell furniert, sowie ein fleckiger Drehstuhl, der aussah, als wären die letzten fünf Besitzer mit Inkontinenz geschlagen gewesen – so hatte sich die Herzkammer unserer Feuer- und Rettungswache seit jeher präsentiert.

Es kostete Leo Jahre der Schmeichelei, um bei verschiedenen Stellen eine Renovierung zu erwirken, aber irgendwann war es so weit. Der Bodenbelag wurde erneuert, das Mobiliar wich modernen, zum Teil höhenverstellbaren Stücken und selbst die Beleuchtung entsprach plötzlich arbeitsschutzrechtlichen Maßstäben. Zunächst war Leo auch durchaus voll der Freude, bis er den Punkt erreichte, an dem er sein neu gestaltetes Büro beziehen durfte.

Was harmlos klingt, entpuppte sich als ausgewachsene Herausforderung. Klar, das neue, in sieben Dimensionen verstellbare Sitzmöbel war schnell in den Raum geschoben, und auch die Sortierung der Aktenordner stellte kein wirkliches Problem dar, aber dann kamen die Netzwerkkabel, USB-Anschlüsse und WLAN-Anbindungen für Faxgerät und Drucker.

Den Nerd, den die Dienststelle für solche Begebenheiten bereitgestellt hatte, jagte Leo bereits nach zwei Minuten vom Hof, und so wurden Hein und ich Zeuge, wie unser Wachenleiter in Rückenlage unter seinem Tisch versuchte, vollkommen inkompatible Dinge miteinander zu verkabeln.

»*Do it yourself!*«, hatte er noch getönt, doch ließ sich sein Unvermögen inzwischen an seiner Körpersprache ablesen. Kopf samt Gesichtsausdruck unter dem neuen Schreibtisch verborgen, trampelte er wütend mit den Füßen und stieß Laute aus, die man sonst eher von schlecht gelaunten Wachhunden erwartet.

»Zwei linke Hände, und alles nur Daumen«, meinte Hein, und auch ich fühlte mich zu einem wenig schmeichelhaften Kommentar hingerissen: »Tja, wenn man nichts kann, dann ist alles schwer.«

Offensichtlich war Leo jetzt wirklich am Prellbock angekommen, denn er fluchte unflätig: »Ihr zwei verdammten kleinen Arschlöcher könnt mich mal. Schon vergessen – ich schreibe euren Dienstplan! Ich schreibe euren Dienstplan!«

Hein und ich lachten herzhaft, und im Wissen, dass Leos Ärger schnell verfliegen würde, stöpselte mein Lieblingskollege unbedarft den Stecker eines Telefons in eine passende Buchse. Das hätte er besser unterlassen, denn das Scheißding klingelte im selben Augenblick, und mein Bauchgefühl ließ nichts Gutes ahnen.

»Finger weg! Ich geh ran!«, schnauzte Leo und krabbelte ungelenk unter dem Schreibtisch hervor. Dass er sich dabei unsanft den Kopf stieß, darf der geneigte Lesende als Selbstverständlichkeit betrachten.

»Hm, ist mir klar ... heute Nacht? ... schöner Mist ... quasi ein Spezialauftrag. Ja, ja, dafür habe ich genau die richtigen Kollegen im Dienst. Keine Sorge, ich kümmere mich«, erklärte unser Wachenleiter mit dem Hörer am Ohr, während seine Mimik zunehmend diabolische Züge annahm.

»So, ihr zwei ...«, wandte er sich schelmisch an Hein und mich, nachdem er aufgelegt hatte. »Wer zuletzt lacht, stirbt wenigstens fröhlich. Ihr zwei Spezialagenten dürft heute Nacht eine Bombe entschärfen – also natürlich nicht selbst, wir sind ja nicht wahnsinnig. In Absprache mit der Leitstelle habe ich jedoch gerade verfügt, dass ihr mit dem Löschfahrzeug die Nacht im Bereitstellungsraum verbringt. Die Versuche, eine fünfhundert Kilogramm schwere Bombe aus dem Zweiten Weltkrieg zu entschärfen, sind gescheitert. Daher wird heute Nacht kontrolliert gesprengt. Wenn es nach mir ginge, dürftet ihr sogar in der ersten Reihe stehen, aber was solls, ich werde euch wohl noch weiter ertragen müssen. Fundort der Bombe ist eine Baustelle im Psychologenviertel, Erich-Fromm-Straße. Gesprengt wird gegen zwei Uhr, den Rest erfahrt ihr von der Leitstelle, und jetzt geht mir aus den Augen, ich muss einen WLAN-Drucker verkabeln.«

»Boah, hat der schlechte Laune«, bemerkte Hein.

»Und obendrein Freude dran, uns die Nacht zu versauen – was für ein fieser Charakter«, ergänzte ich gespielt enttäuscht, und Hein nickte lächelnd.

Normalerweise haben gewöhnliche Feuer- und Rettungswachen nicht viel mit der Entschärfung von Bomben zu tun. Wenn ein Sprengkörper gefunden wird, kümmern sich die Profis der Kampfmittelbeseitigung, nebenbei bemerkt eine völlig unterbezahlte Spezies. Für die Evakuierung des Gefahrenbereichs sind Polizei und Ordnungsamt zuständig, und solange kein Krankenhaus oder Seniorenheim geräumt werden muss, kommen die Kollegen gut ohne uns aus. Im Anschluss wird ein wie auch immer gearteter Zünder entfernt, und der Drops ist gelutscht.

In diesem Fall verliefen die Dinge leider nicht ganz normal.

Mehrere Versuche, den Zünder zu entfernen, waren gescheitert, und da der Sprengkörper nicht gefahrlos transportabel war, musste vor Ort gesprengt werden. Es hilft halt nicht, nur Blumenerde draufzuwerfen und Stiefmütterchen zu pflanzen. Leider handelte es sich beim Psychologenviertel um eine Ansammlung dicht bebauter Straßen mit drei- bis viergeschossigen Häusern, und auch wenn die Formulierung »kontrollierte Sprengung« irgendwie vertrauenerweckend klingt, bleibt ein Restrisiko bestehen.

Um die Wucht der Detonation abzuleiten, waren tagsüber fünfzig Tonnen Sand und riesige Wasserbassins aus dünnem Kunststoff auf dem Fundort der Bombe platziert worden. Hein und ich bereiteten derweil mit einem Angriffstrupp in mutmaßlich sinnvoller Entfernung zwei Schlauchleitungen vor, um im Fall der Fälle schnell mit Löschmaßnahmen eingreifen zu können.

Ab null Uhr stand unser Löschfahrzeug im Bereitstellungsraum, und zu sechst harrten wir der Dinge, die da kommen sollten. Die Luftlinie zur Bombe betrug fünfhundert Meter, und Hein servierte Frikadellen und Hähnchenschenkel.

»Wenn wir heute Nacht schon weggesprengt werden, dann wenigstens nicht hungrig«, resümierte er die Gesamtsituation und biss in die gebratene Extremität eines Hühnervogels. Ab jetzt hieß es warten.

Die Polizei kämpfte indessen mit einem letzten uneinsichtigen Anwohner, der sich nicht evakuieren lassen wollte und vom drohenden Polizeistaat faselte, bis der Gefahrenbereich gegen 1.15 Uhr als gesichert galt.

Pünktlich um zwei Uhr knallte es. Ein dumpfer Donnerschlag erklang, und auch wenn wir einen halben Kilometer entfernt waren – die Detonation und die damit einhergehende Druckwelle waren selbst in dieser Entfernung physisch spürbar.

Durchaus beeindruckt warteten wir auf den Befehl, in die Erich-Fromm-Straße einzurücken, aber – der Vergleich sei mir verziehen, denn als Ex-Zivi kann ich es wirklich nicht beurteilen – ich hatte das bedrückende Gefühl, bald ein Schlachtfeld zu betreten.

Wenige Minuten später war es so weit.

»Löschfahrzeug 3, rückt vor!«, erklang es aus dem Funklautsprecher, und Daniel, unser heutiger Maschinist, ließ den Motor an. Langsam rollten wir in den betroffenen Bereich ein und ließen unsere Blicke schweifen. Doch wer eine Trümmerlandschaft erwartet hatte, wurde enttäuscht. Der Kampfmittelbeseitigungsdienst hatte ganze Arbeit geleistet und offenbar mit chirurgischer Präzision gesprengt. Alle Häuser standen noch, die Dächer lagen immer noch oben auf, und nicht einmal die Fensterscheiben schienen größeren Schaden genommen zu haben.

Dennoch hatte das Geschehen Spuren hinterlassen. Im Umkreis von fünfzig bis hundert Metern rund um den Fundort der Bombe war alles voll mit nassem Sand, und wenn ich schreibe »alles«, dann meine ich alles. Die Straße, der Gehweg, Fassaden, Autos, Vorgärten, selbst die Dachrinnen – wohin das Auge schaute, erblickte es nassen Sand. Es sah aus, als hätte der dreijährige Marvin-Luca seinen Sandkasten mit einem Polenböller in die Luft gejagt. Hier und da fand man einen hellblauen Schnipsel von den Wasserbassins, keiner größer als eine Briefmarke.

»Hui! Da hätten wir mit Förmchen und Schäufelchen aber lange für gebraucht«, entfuhr es Hein beeindruckt, während ich mich daran machte, eine Rückmeldung für die Leitstelle zu formulieren, damit die evakuierten Anwohner nach bangen Stunden in ihre Häuser zurückkehren konnten.

Wir waren noch damit beschäftigt, unsere zuvor vorbereitete Ausrüstung vom Sand zu befreien und in die entsprechenden Gerätefächer zu verlasten, als die ersten Bewohner in die Erich-Fromm-Straße strömten. Die ankommenden Menschen waren sichtlich mitgenommen vom Tag, schließlich hatten sie in den Morgenstunden Hals über Kopf ihre Wohnstatt verlassen müssen. Neben einer gewissen nachvollziehbaren Ungeduld überwog jedoch die Dankbarkeit. Familien, Freunde und Nachbarn lagen sich in den Armen, überglücklich darüber, dass Hab und Gut, Haustiere und nicht zuletzt Erinnerungen zwar etwas schmutzig, aber ansonsten heil geblieben waren.

Es gab allerdings auch Ausreißer. Warum einer davon ausgerechnet auf Hein stieß – tja, das weiß nur der liebe Gott.

»Hey, Sie da. Sie da mit dem Helm auf dem Kopf – herkommen!«, ranzte ein Mittdreißiger im Businessoutfit in Heins Richtung. Unsicher, ob er gemeint war, drehte mein Lieblingskollege sich um.

»Ja genau, Sie meine ich!«, setzte der junge Mann unfreundlich nach.

»Ihr Tonfall gefällt mir schon jetzt nicht – aber was kann ich für Sie tun?«, fragte Hein bewusst freundlich.

»Was glauben Sie, wer mein Auto sauber macht?«, antwortete der Träger einer geschmacklosen und schlecht gebundenen Krawatte.

»Hm, lassen Sie mich überlegen.« Hein tippte sich mehrmals mit dem Zeigefinger ans Kinn und wiegte den Kopf, bevor er erwiderte: »Schätze mal, Sie selbst. Oder vielleicht jemand, den sie kostenpflichtig damit beauftragen?«

Alles in allem war die Frage berechtigt, denn der unfreundliche Zeitgenosse stand neben einem offenen Cabriolet, in dessen Innerem sich eine halbe Schubkarre nasser Sand verteilt hatte. Des Deutschen liebstes Kind war beschmutzt worden, da muss man eine gewisse Wut und Undankbarkeit wohl nachvollziehen.

Aber leider war der Dialog noch nicht beendet. »*Sie* werden mein Auto sauber machen, und zwar bis auf das letzte Sandkorn. Sie haben den ganzen Blödsinn hier veranstaltet, also räumen Sie jetzt auch auf!«, erklärte der Besitzer des Cabrios aufgebracht und deutete mit dem Zeigefinger energisch auf Hein.

»Sie tun gerade so, als hätte ich damals die Bombe abgeworfen«, gab Hein angefressen zurück. »Seien Sie doch froh, dass kein Dachstuhl vom Nachbarn auf Ihrem Auto liegt.«

»Sie fangen sofort an, meinen Wagen zu putzen, sonst, sonst …«, eskalierte der Mann im Anzug.

»Sonst was? Lassen Sie mich raten – Sie sind Anwalt und verklagen mich«, entgegnete Hein, inzwischen ebenfalls kurz vor der Explosion.

»Nein, aber mein Bruder!«, schrie der Kerl völlig außer sich und schlug mit der Hand auf die ebenfalls sandbedeckte Motorhaube seines hochpreisigen Fahrzeugs.

Mein Lieblingskollege atmete tief durch, und mich trieb die Sorge um, dass sein Gegenüber gleich im eigenen Kofferraum liegen würde. Aber Hein riss sich zusammen und beließ es bei einer verbalen Ohrfeige: »Wissen Sie was? Ein Esel in einem Anzug bleibt immer noch ein Esel! Und für diese Erkenntnis darf Ihr Bruder mich gern verklagen.«

Eine halbe Stunde später, gegen 3.30 Uhr, waren wir zurück auf der Wache, und Hein hatte schon wieder Hunger.

»Die paar Frikadellen und Hähnchenschenkel halten nicht lange vor! Immer, wenn ich mich ärgern muss, arbeitet mein

Stoffwechsel irgendwie anders«, rechtfertigte er sich, während er einen absoluten Geheimtipp zubereitete.

Hier das Rezept zum Nachkochen: Heringsfilets in Tomatensoße aus der Dose unter heiße Nudeln heben, einen Stich Butter dazu und mit Salz und Oregano verfeinern. Fertig. Die Mischung stinkt bestialisch, schmeckt aber geil.

»Warum treffe ich immer auf diese Sorte Mensch?«, fragte Hein resigniert mit dem ersten Bissen im Mund.

»Karma?«, antwortete ich schulterzuckend.

Wie zur Bestätigung ertönte im selben Augenblick der Alarm und rief zum nächsten Einsatz.

»Baukran droht umzustürzen«, verkündete die Meldung, und so war das Löschfahrzeug 3 erneut unterwegs, um ein kleines bisschen die Welt zu retten.

Als wir die Einsatzstelle erreichten, erwartete uns ein Mann im Trenchcoat mit Hut, der sich als Herr Meister vorstellte, aufgrund seines Erscheinungsbilds jedoch eher an Inspector Gadget erinnerte.

»Gut, dass Sie kommen. Das Ding hier droht umzustürzen«, erklärte er und deutete auf einen circa zwanzig Meter hohen Baukran, der offensichtlich der Kernsanierung des Nachbargebäudes diente. Damit wir uns richtig verstehen: Es handelte sich nicht um einen riesigen Turmdrehkran, der in der Silhouette der Stadt erkennbar gewesen wäre, sondern um einen Lastenhelfer, den jeder Häuslebauer mal eben aufstellen kann. Aber seis drum, auch einen kleinen Kran will man nicht in der Dachgeschosswohnung liegen haben.

Hein nahm den Baukran also intensiv in Augenschein. Das Ding stand nach Augenmaß kerzengerade, verfügte über die entsprechenden Gewichte und erfreute sich sogar einer sorgfältigen Absperrung sowie Sicherung gegen Missbrauch.

»Der Baukran steht ja sicherlich nicht seit gestern hier – wo liegt das Problem?«, fragte mein Lieblingskollege salopp.

»Er droht umzustürzen«, antwortete Herr Meister mit entwaffnender Bestimmtheit.

»Äh, im Augenblick steht das Ding wie eine Eins«, mischte ich mich in die Unterhaltung ein.

»Ja, vielleicht im Augenblick. Aber manchmal bewegt er sich im Wind«, entgegnete der Herr mit Hut.

»Ja, aber doch auch nicht erst seit gestern. Und darüber hinaus ist es nicht ungewöhnlich, dass Kräne sich im Wind bewegen. Das ist kein Grund zur Sorge«, versuchte ich dem Notrufer die für uns nicht nachvollziehbaren Ängste zu nehmen.

»Aber er ist unbeleuchtet«, setzte Herr Meister nach.

»Deshalb stürzt er noch lange nicht um«, entgegnete Hein. »Haben Sie getrunken?«

Es lag unter Inspector Gadgets Würde, auf diese Frage einzugehen. Stattdessen wollte er wissen: »Was ist, wenn da nachts ein Rettungshubschrauber reinfliegt? Wollen Sie daran schuld sein?«

Mein Lieblingskollege rieb sich mit den Handflächen über die Stirn und bemühte sich sichtlich um Contenance.

Die wohlwollende Erklärung, wann, wie, wo und in welcher Höhe sich Rettungshubschrauber durch die Luft bewegen, kostete mich eine geschlagene Viertelstunde, und am Ende fiel die Saat nicht mal auf fruchtbaren Boden.

»Aber es ist doch trotzdem gefährlich, wenn das Ding nicht mit roten Lampen beleuchtet ist, so wie die Windräder. Das müssen Sie doch einsehen!«, stellte Herr Meister fest und schaute uns dabei erwartungsvoll an.

»Was sollen wir nach Ihrer Meinung tun, Herr Meister – hochklettern und ein Grablicht draufstellen?«, fragte Hein, bevor er den Einsatz mit einem »Vergessen Sie's« offiziell beendete.

Herr Meister wandte sich unverstanden ab, und wir fuhren zurück zur Wache. Über den Einsatzverlauf konnte niemand glücklich sein. Es gilt der Wahlspruch: Lieber einmal zu viel als einmal zu wenig! Wenn es jedoch hanebüchen wird, dann kann auch die Feuerwehr nicht helfen.

Mondphasen

Hein regte sich mal wieder künstlich auf. Ausnahmsweise jedoch nicht über den aus unpassenden Gründen notrufenden Mitbürger.

»Demnächst muss noch ein zertifizierter Mitarbeiter vom technischen Überwachungsverein vorbeikommen, um mir ein Brot zu schmieren«, schnauzte er übellaunig inmitten einer Abrechnung bezüglich Gütesiegeln, Prädikatsmedaillen und Farbtabellen auf Lebensmittelverpackungen. »Ein Lobbyistenlogo bunter als das andere – was bin ich froh, dass meine Kalbsleberwurst delfinfrei gefangen wurde!«, setzte er nach und holte schon wieder tief Luft. Es wurde Zeit, meinen Lieblingskollegen in eine andere Richtung zu lenken.

»Würdest du mir bitte mal das Salz rüberreichen?«, richtete ich das Wort an ihn, nicht ahnend, dass diese Unterbrechung seiner Tirade alles nur noch schlimmer machen würde.

Jeder andere hätte einfach den Salzstreuer über den glatten Tisch geschleudert und die Störung als Chance zum Schweigen begriffen. Nicht so Hein, wenn er erst mal in Fahrt war. Er packte sich das Gewürztöpfchen und studierte laut vorlesend das Etikett: »Tausendjähriges Salz aus der Wüste Gobi. Ohne Zusatzstoffe. Aber ein Mindesthaltbarkeitsdatum drauf – läuft in zwei Jahren ab ... So ein Schwachsinn! Immerhin können wir es in einem kalten Winter dann ja noch auf den Gehweg werfen. Aber nein, haltet ein! Womöglich hat es die falsche Rutschfestigkeitsklasse. Übrigens ein Wort, das es mit Sicherheit nur in Deutschland gibt ...«

»Wie wärs mit *non slip resistance class* als Übersetzung ins Englische?«, wagte Hermann eine Einmischung.

Für den Moment herrschte daraufhin zwar Ruhe, aber mich beschlich die ungute Ahnung, dass gleich eine Diskussion über die Vor- und Nachteile des Tragens von Unterwäsche losbrechen könnte. Überhaupt hatte ich an diesem Tag kein gutes Gefühl in der Magengegend. Heins Laune gefiel mir nicht, und es war Vollmond. Vielleicht hatte das eine auch mit dem anderen zu tun, wer weiß, außerdem war Wochenende. Es gibt bessere Ausgangslagen für eine entspannte Nachtschicht.

Vollmondnächte sind eine Sache für sich. Klar ist, dass der Erdtrabant Einfluss auf Ebbe und Flut hat, was ich im Hinblick auf die Tatsache, dass der erwachsene menschliche Körper zu circa siebzig Prozent aus Wasser besteht und das Gehirn sogar zu circa neunzig Prozent, für durchaus interessant halte. Dennoch bleibt die wissenschaftliche Studienlage schwammig. Am Ende ist es ein ungeklärtes Rätsel, ob der Vollmond unser Schlafverhalten, das allgemeine Wohlbefinden oder sogar die Suizidneigung beeinflusst. Mein subjektives Gefühl jedenfalls bejaht diesen Einfluss. Mit weit über zwanzig Jahren Berufserfahrung erlaube ich mir zu behaupten: In Vollmondnächten sind viele Menschen speziell unterwegs – der runde Erdtrabant beeinflusst bei einigen den Tidenhub im Kopf sehr wohl negativ.

Gegen einundzwanzig Uhr fanden Hein und ich uns in einer spärlich eingerichteten Wohnung wieder. Mit einem gequält freundlichen »Namaste« begrüßte uns Frau Müller-Gonzales, die zwar ein elegantes indisches Gewand trug, ansonsten jedoch wenig mit einer grazilen Tempeltänzerin zu tun hatte.

Zunächst ließen wir, wie immer, das Umfeld auf uns wirken. Erstens, um abzuschätzen, ob die Einsatzstelle für uns sicher war, zweitens, um das Notfallgeschehen in den richtigen Kontext zu setzen. Hier gab es keinen Fernseher, keine Sprachbox, die Befehle entgegennahm, und auch sonst keinen unnötigen Schnickschnack, der heutzutage zum Interieur der meisten bundesdeutschen Haushalte gehört. Stattdessen entdeckten wir glimmende Räucherstäbchen, Seidenmandalas an den Wänden und eine riesige Sitzecke, die aus gefühlt zweitausend Kissen bestand.

»Wie können wir Ihnen helfen? Oder anders gefragt, warum haben Sie uns angerufen?«, wandte ich mich freundlich an unsere Patientin.

»Was soll ich sagen, ich habe meine üblichen Asanas – also Yogaübungen – gemacht«, antwortete Frau Müller-Gonzales. »Sonnengruß, der Krieger, das Rad und der Fisch. Bei der Taube hat es mir dann den Rücken zerrissen – Schmerzen habe ich jetzt, das können Sie sich nicht vorstellen.« Leidend stemmte sie beide Handflächen in ihren Lendenwirbelbereich.

Das folgende Gespräch möchte ich gekürzt, aber sinngemäß wiedergeben. Unsere Patientin zeigte keine Anzeichen einer Verletzung und lehnte einen Transport ins zuständige Krankenhaus kategorisch ab. Allenfalls käme eine Einweisung in eine anthroposophische Klinik infrage, erklärte sie uns. Diese war allerdings 360 Kilometer entfernt und wurde somit unsererseits abgelehnt. Frau Müller-Gonzales nahm es gelassen und verweigerte schriftlich unsere Hilfe. Bevor sie uns entließ, hatte sie jedoch eine letzte Bitte: »Können Sie meine Yogamatte verbrennen? Da steckt jetzt negative Energie drin. Das Ding muss das Haus verlassen und reinigend dem Universum übergeben werden.«

Hein und ich tauschten verdutzte Blicke.

»Äh, wie bitte?«, fragte ich mit einem gewissen Unverständnis nach, als auch Hein seine Sprache wiederfand.

»Ich übergebe mich gleich ebenfalls ins Universum«, befand er trocken und verließ ohne ein weiteres Wort die Wohnung. Um einen geschmeidigen Abgang bemüht, verabschiedete ich mich höflich und faselte etwas von Überforderung und fehlender Zuständigkeit, und damit war der erste Notruf der Schicht auch schon abgehakt.

Allerdings hatte ich wenig Hoffnung für die kommenden zehn Stunden. Der erste Einsatz ist oft das Omen für die Nacht, es konnte also nur schräg und verrückt werden.

Ich hasse es, wenn ich ungewollt recht behalte, trotzdem schien sich meine Ahnung gleich darauf zu bewahrheiten. Über Funk bat die Leitstelle um telefonischen Rückruf.

»Sorry! Es geht um einen Spezialauftrag, das kann ich über Funk oder per Meldeempfänger nicht erklären«, entschuldigte sich der Leitstellendisponent, und Hein kramte bereits in seinen Hosentaschen nach dem Diensthandy.

»Ich kann das Wort ›Spezialauftrag‹ nicht mehr hören«, lamentierte er. »Ich heiße doch nicht James Bond! Wie wäre es mit einem kleinen Herzinfarkt? Oder einer Unterzuckerung? Irgendwas, wobei wir auch mal gewinnen können.«

»Nicht heute Nacht, tut mir leid, mein Freund, nicht heute Nacht«, antwortete ich seufzend.

Der Rettungswagen rollte ruhig über den Asphalt, während Hein telefonierte. Hier und da verließ ihn ein »Mhh«, bis er irgendwann auflegte und den Inhalt des Gesprächs, aufs

Nötigste reduziert, mit mir teilte: »Dreh die Kiste, wir müssen zum Park hinter dem afrikanischen Museum. Da soll sich ein nackter Mann aufhalten, der sich für ein Schaf hält.« Von diesem Zeitpunkt an starrte er wortlos aus dem Seitenfenster.

Die Richtung, in die wir fuhren, bot uns einen ungetrübten Blick auf den Vollmond, der in dieser Nacht besonders groß am Himmel stand. Krater und Mondmeere waren klar zu erkennen, und wenn wir nicht dienstlich unterwegs gewesen wären, hätte das Ganze etwas sentimental Romantisches gehabt.

Nach wenigen Minuten erreichten wir die benannte Parkanlage. Hein und ich stellten fest, dass die laue Luft die Stadtbevölkerung trotz vorgerückter Stunde ins Freie trieb. Etliche Menschen waren unterwegs, was es uns nicht erleichterte, unseren Patienten ausfindig zu machen. Der Disponent hatte uns zwar eine ungefähre Beschreibung gegeben, doch der siebte Baum links hinter der Parkbank hat nun mal keine Hausnummer, und so hielten wir Ausschau nach einem Notrufer, der sich bemerkbar machen wollte.

In Schrittgeschwindigkeit ließ ich den Rettungswagen über gekieselte Wege rollen, als schließlich ein Pärchen winkend auf uns zulief. Hein ließ die Seitenscheibe herunter und wurde sofort mit Informationen überschüttet.

»Fünfzig Meter weiter, dann die Böschung runter auf eine Rasenfläche, seit einer halben Stunde geht das schon so. Alle machen nur Fotos und Videos, aber keiner holt Hilfe! Man kann den Mann doch nicht die ganze Nacht Gras fressen lassen!«, regte sich die junge Frau auf, und ihr Freund ergänzte kopfschüttelnd: »Verkommene Social-Media-Gesellschaft.«

»Wir schauen uns die Sache mal an. Vielen Dank, dass Sie nicht weggeschaut haben«, antwortete ich an Hein vorbei und entnahm den Notfallrucksack aus einem Seitenfach des Rettungswagens.

Augenblicke später wurden wir selbst Zeugen der beschriebenen Szenerie, und sowohl Hein als auch ich waren trotz vieler Jahre Einsatzerfahrung fassungslos.

»Ich würde jetzt gern bewusstlos werden«, kommentierte Hein das Bild, das sich uns bot, aber auch wenn ich genau wusste, was er meinte – nicht alles, was komisch klingt, ist auch witzig.

Ein Mann in den Vierzigern kniete splitterfasernackt im Gras und weidete, was das Zeug hielt. Kleidung und Habseligkeiten lagen um ihn verstreut, und auf groteske Art und Weise schauten sich zwei Vollmonde ins Gesicht, einer am Himmel, der andere auf Erden.

»Was denkst du?«, fragte ich Hein, der den Mann im Gras aufmerksam musterte. »Puh, keine Ahnung. Nix Bipolares und auch kein gewöhnlicher Wahn, der äußert sich anders – Stimmen aus der Wand und geheime Botschaften in der Zeitung, solcher Kram eben. Das hier ist was anderes. Vielleicht eine wahnhafte Psychose oder eine extreme Form der Schizophrenie? Manchmal gehen die Dinge ja auch ineinander über. Was weiß ich?! Das sollen uns die Brüder und Schwestern in der Psychiatrie erklären«, meinte Hein vielsagend und zuckte mit den Schultern.

»Die nehmen den Kerl nicht auf – könnte ja drogeninduziert sein«, orakelte ich missmutig, entsprechende Erfahrungen im Hinterkopf.

»Du könntest mit beidem recht haben«, antwortete Hein und hob eine der Habseligkeiten des Mannes vom Boden auf. Fast triumphierend hielt er mir eine kleine Blechdose vors

Gesicht, auf deren Deckel mit schwarzem Filzschreiber »Magic Mushrooms« geschrieben stand und in deren Innerem sich getrocknete Bestandteile verschiedener Fungi befanden.

»Ich würde sagen, wir nähern uns der Ursache. Vorschlag von mir: Ich fange an, mit den Kliniken zu telefonieren, um die Aufnahme abzuklären, und du versuchst dich mal als guter Hirte und bringst den Mann in den Rettungswagen. So langsam will ich von der Bühne runter«, erklärte Hein und deutete auf einige Gaffer in unserem Rücken.

»Verehrtes Publikum! Morgen um die gleiche Zeit zeigen wir Ihnen bucklige Zwillinge aus Papua-Neuguinea!«, wollte ich den geschätzten zwanzig Schaulustigen zurufen, riss mich jedoch zusammen und kümmerte mich stattdessen um unseren Patienten.

Mobiltelefon, Geldbörse, Drogendose, ein Basecap, alles, was der moderne Mensch zum Leben braucht, war vorhanden, nur leider keine Hose, also wurde ich erfinderisch und bastelte aus einer Rolle Pflasterband und einer Einmaldecke so etwas wie einen Rock.

Hein hing derweil in der Warteschleife der zuständigen Psychiatrie und ließ sich zu einem lakonischen Kommentar hinreißen: »Soso, das tragen jetzt also die Herren in Paris.«

Die verbale Interaktion mit unserem Patienten gestaltete sich leider äußerst schwierig – der gute Mann sprach nicht mit mir. Ich meine, so gar nicht. Zwar war er gut führbar, ließ mich schalten und walten und verhielt sich in keiner Weise aggressiv – aber dafür blieb er stumm. Mein Patient lächelte mich an, doch das wars. Die Anamnese würde knapp ausfallen – EKG, Blutdruck, Sättigung, Blutzucker, Pupillenkontrolle, viel mehr konnte ich nicht tun.

Hein hatte es in der Zwischenzeit ebenfalls nicht leicht. Die Gespräche mit den gegebenenfalls aufnehmenden Krankenhäusern gestalteten sich schwierig. Nach einer guten halben Stunde handelte er schließlich so etwas wie einen Kompromiss aus. Da sich die Psychologen nicht zutrauten, die Wirkung der vermutlich eingeworfenen Pilze abschließend einzuschätzen, würde unser Patient die Nacht zwecks Überwachung auf einer internistischen Intensivstation verbringen. In den frühen Morgenstunden stand dann eine Verlegung in die zuständige Psychiatrie an, um den Geisteszustand zu beurteilen, wozu sich wiederum die Internisten nicht imstande sahen. Seis drum – es hatte eine Weile gebraucht, aber unser Patient war nun adäquat versorgt, und es wurde Zeit für einen heißen Tankstellen-Kaffee bei Mondenschein.

Der nächste Einsatz, und ich nehme es vorweg, auch der letzte Einsatz für Hein und mich in dieser Nacht, ließ nicht lange auf sich warten.

Die Leitstelle beorderte uns zum Vereinsheim der Spielvereinigung Blutgrätsche, ihres Zeichens eine Fußballmannschaft der internen Stadtliga, die die Niederlage gegen die Borussia Vollpfosten in rauen Mengen Alkohol ertränkte. Der Mittelstürmer D. Schigulla, in Fachkreisen nur als »Rote Karte« bekannt, war vom Barhocker gefallen und hatte sich eine nennenswerte Platzwunde am Hinterkopf zugezogen.

Erinnerungen an vergangene Einsätze wurden wach, und wer jetzt nicht weiß, worum es geht, hat das schöne Buch *Schauen Sie sich mal diese Sauerei an!* nicht aufmerksam gelesen.

Als Hein und ich einen besseren Holzschuppen betraten, brandete uns der begeisterte Jubel der Südkurve eines Bundesligastadions entgegen. D. Schigulla saß wieder auf seinem Hocker und trank Bier. So weit, so bekannt.

»Offensichtlich gehts um Sie«, begann Hein das Patientengespräch und deutete mit dem Zeigefinger auf den blutversifften Kragen eines weißen Poloshirts. »Wie lautet denn Ihr Name?«

»Gute Frage! Sag mir deinen Namen – und ich sag dir, wie du heißt ...«, gab der Angesprochene leicht lallend, aber im Kern logisch zurück.

»Das kann interessant werden!«, raunte Hein mir zu, und ich grinste nickend, um seine Einschätzung unauffällig zu bestätigen.

»Willst du Polizeihauptkommissar Schnelle gleich von der Reservebank holen oder erst, wenn die Fans den Innenraum stürmen?«, fragte ich.

»Letzteres«, antwortete Hein. Offensichtlich machte er sich keine allzu großen Sorgen. Warum auch? Die Kopfplatzwunde war zwar beeindruckend, die Stimmung aber auch.

Während D. Schigulla sich widerstandslos einen Kopfverband anlegen ließ, floss das Bier in Strömen. Im Hintergrund lief Schlagermusik der Premiumklasse und geschätzte 15 Ultras grölten immer wieder ein lang gezogenes »Bluuuuuuuuuutgrätsche«.

Der schwierige Teil im Einsatzverlauf sollte noch kommen. Schließlich stand uns die stets aufs Neue beliebte Diskussion »Kommen Sie mit ins Krankenhaus? Ja? Nein? Vielleicht?« noch bevor. Um es kurz zu machen: Nach viertelstündigem Austausch aller Argumente mit dem angetrunkenen Mittelstürmer brauchte es ein Machtwort vom Mannschaftskapitän Müller, der in Personalunion obendrein den Vereinspräsidenten darstellte.

»Damit das klar ist: Du bist hiermit ausgewechselt und begibst dich zur medizinischen Abteilung!«, brüllte Müller lauthals in Richtung des Patienten und schlug dabei mit der flachen Hand auf einen Stehtisch, dass die Wimpel an der Wand flatterten.

Mit dem typisch übellaunigen Gesicht eines auf die Reservebank geschickten Fußballspielers folgte D. Schigulla uns widerwillig zum Rettungswagen. Aber was sollte er tun – sein Kapitän hatte gesprochen.

Das Angebot, die Fahrt liegend zu verbringen, lehnte er dankend ab, also wurde er auf einen an der Seitenwand montierten Stuhl neben der Trage verfrachtet, angeschnallt und für den Fall der Fälle mit einem Brechbeutel ausgestattet.

Los ging die Fahrt zur chirurgischen Ambulanz des Kreuzherrenkrankenhauses. Das Navigationsgerät berechnete neun Minuten Fahrzeit, und Hein, der dem Mittelstürmer im Patientenraum gegenübersaß, machte sich an die schriftliche Einsatzdokumentation.

Name? Adresse? Krankenkasse? Mein Lieblingskollege stellte die üblichen Fragen, statt Antworten erhielt er jedoch beständig die immer gleiche Gegenfrage: »Schalke oder Dortmund?«

»So kommen wir nicht weiter ...«, sagte Hein irgendwann. »Name? Adresse? Krankenkasse?« Langsam, aber sicher kippte die Stimmung im Patientenraum.

Zunächst rotzte D. Schigulla provokant auf den Boden des Rettungswagens, was Hein im Rahmen der Deeskalation geflissentlich ignorierte, bevor sich im nächsten Moment die Ereignisse überschlugen.

»Weißt du was? Du siehst aus wie der Schiedsrichter, der uns verpfiffen hat!« Mit diesen Worten löste der Fußballer den Gurt, griff in die Seitentasche seiner Jacke, zückte ein Springmesser und stürzte sich auf Hein.

Der war immer noch angeschnallt und dementsprechend eindeutig in der Defensive. Um die Attacke abzuwehren, schleuderte Hein dem Angreifer seine metallene Schreibkladde entgegen und landete einen Volltreffer. Die Aluminiumbox traf D. Schigulla mitten ins Gesicht, worauf er rückwärtstaumelte und sich zwischen Patientenstuhl und Trage wiederfand. Hein nutzte den Augenblick, um sich abzuschnallen und aufzurichten, aber auch der Mittelstürmer zeigte Nehmerqualitäten und war bereits wieder auf den Beinen. Was folgte, geschah gefühlt in Bruchteilen einer Sekunde.

Durch die Geräusche hinter mir alarmiert, blickte ich in den Rückspiegel und durch das kleine Schiebefenster, das die Fahrerkabine mit dem Patientenraum verbindet, und sah Hein mit unserem Patienten ringen. So was kommt schon mal vor, wenn Menschen, die wir in guter Absicht mit uns nehmen, unterwegs plötzlich ihre Meinung ändern.

Dass es hinter mir um Leben und Tod ging, blieb mir aufgrund des eingeschränkten Sichtfelds allerdings verborgen.

D. Schigulla wechselte zwischen Hieb- und Stichbewegungen, und mein Lieblingskollege erlitt erste Abwehrverletzungen an Händen und Unterarmen, als ein weiterer Stich Heins Jacke durchbohrte und den Brustkorb seitlich nur um Millimeter verfehlte. Sein Gegner war ihm körperlich ebenbürtig und obendrein mit einem Messer bewaffnet; das Spiel konnte nur doof ausgehen, also traf Hein eine Entscheidung.

Die Geräuschkulisse und das Fahrgefühl des Rettungswagens änderten sich schlagartig, als er auf einer innerstädtischen Schnellstraße die Seitentür öffnete. Bei voller Fahrt, geschätzt circa siebzig Stundenkilometer, stieg er aus.

Die kurze Flugphase lässt sich am besten mit einem kleinen Ausflug in die Physik beschreiben. Das erste newtonsche Axiom, landläufig als Trägheitsgesetz bekannt, lautet: Ein Körper bleibt in Ruhe oder gleichförmiger geradliniger Bewegung, solange die Summe der auf ihn einwirkenden Kräfte null ist. Leider dauerte diese Phase nur sehr kurz. Irgendwann berührten Heins Füße den Boden, und sein Körper wurde schlagartig durch die nun wirkenden Kräfte einem Drehimpuls unterworfen. Hein fühlte sich wie ein in Rotation befindlicher nasser Sack, aber was fast unterhaltsam klingt, hatte einen ganz entscheidenden Nachteil – Heins Kopf schlug mehrfach unsanft auf dem Randstreifen auf, und auch sein restlicher Körper war für diese Art der Fortbewegung einfach nicht geschaffen.

Halten Sie mich ruhig für einen Idioten, aber erst ein bis zwei Sekunden später begriff ich, was gerade passiert war. Erst dann brachte ich den Rettungswagen unsanft zum Stehen.

Es rumste.

»Du verdammte blöde Sau!«, schallte es aus dem Patientenraum. Offensichtlich hatte sich D. Schigulla bei meinem Bremsmanöver nicht auf den Beinen halten können. Aber was interessierte mich der Kerl? Es wurde Zeit, einen Notruf abzusetzen und nach Hein zu sehen, der irgendwo im Graben lag.

Der eigene Notruf war wohl einer der surrealsten Momente in meinem Berufsleben. Durch die Windschutzscheibe konnte ich erkennen, wie unser Patient mit seinem Kopfverband und einem Messer in der Hand im Scheinwerferlicht die Straße entlanglief, während ich Ortsangaben in den Funkhörer stammelte, die nicht mal eines Vorschulkinds würdig gewesen wären. Ich rechne es dem Leitstellendisponenten hoch an, dass er trotzdem die perfekten Worte fand, um mich wenigstens ein bisschen zu beruhigen.

»Ich weiß, wo ihr gewesen seid, und ich weiß, wo ihr hinwolltet – mit anderen Worten: Wir finden euch! Die Kavallerie ist unterwegs, und du kümmerst dich solange um Hein!«

Für einen Moment schoss mir durch den Kopf, es sei sinnvoll, den flüchtigen Messerstecher zu verfolgen. Was für ein Quatsch! Stattdessen griff ich mir den Notfallrucksack und eilte zurück zu der Stelle, wo mein Lieblingskollege abgesprungen war.

Wie beschrieben, hatte Hein sich nach seinem Ausstieg weiterhin fortbewegt, wenn auch mit einem gewissen Drall und unkontrolliert. Tatsächlich rannte ich mehrmals hin und her, bis ich meinen Kollegen endlich auf dem Rücken liegend im Gras fand.

Hein hatte Glück im Unglück gehabt. Er hatte mehrere Bäume verfehlt und lediglich einen Begrenzungspfahl aus weißem Kunststoff niedergemäht. Auf den ersten Blick war sein äußerlicher Zustand mittelprächtig, und für wenige Augenblicke gelang es mir sogar, ihn erfolgreich anzusprechen.

»Hein, Hilfe ist unterwegs, solange versuche ich …«

»Alter, ich habe das Gefühl, mir läuft die Birne voll Blut«, unterbrach er mich. »Kümmere dich bitte um Mister Mau.« Dann verlor Hein das Bewusstsein.

Verdammte selbst erfüllende Prophezeiung! Vor ein paar Stunden hatte er sich diesen Zustand noch herbeigesehnt.

Man muss halt aufpassen, was man sich wünscht, aber diese eher philosophische Erkenntnis half mir jetzt auch nicht weiter, und Hein erst recht nicht.

Ich atmete tief durch und versuchte anschließend zunächst, Heins Verletzungsmuster einzuschätzen. Bleiben die Atemwege frei? Atmet der Kerl überhaupt noch? Was macht der Kreislauf? Diese und weitere Fragen schossen wie Blitze durch mein

Gehirn. Stabile Seitenlage könnte eine gute Idee sein, aber was ist mit der Wirbelsäule? Warum hatte ich nur den Notfallrucksack und nicht den ganzen Rettungswagen mitgebracht – die Scheißkarre stand nutzlos und mit flackerndem Blaulicht in geschätzten 150 Metern Entfernung. Das Gefühl von Hilflosigkeit umfing mich, alle beruflichen Routinen waren wie weggeblasen, und um ganz ehrlich zu sein: Ich fühlte mich und handelte wie ein blutiger Anfänger im Erste-Hilfe-Kurs.

Wenn man auf Hilfe wartet, ist der Klang von Martinshörnern vielleicht das schönste Geräusch auf der Welt, und eventuell stiegen mir tatsächlich Tränen in die Augen, als ich es hörte. Eine Minute später zogen mich Kollegen aus dem Verkehr und bedachten mich mit beruhigenden, tröstenden Worten. Weitere dreißig Minuten später lag Hein auf einer Trage im Rettungswagen, immer dem Vollmond entgegen, auf dem Weg in ein Klinikum der medizinischen Maximalversorgung.

Das war auch nötig, denn Heins Verletzungen waren schwerwiegender, als ich auf den ersten äußerlichen Blick hatte einschätzen können. Fangen wir unten an: Spiralbruch des Schien- und Wadenbeins links, Thoraxtrauma mit Rippenserienfraktur, ebenfalls links, und last but not least ein Schädel-Hirn-Trauma, das neurochirurgischer Versorgung bedurfte. Von Schürfwunden und kleineren Weichteilverletzungen wollen wir hier gar nicht erst anfangen.

Tage voller Sorge vergingen, in denen ich nicht viel mehr tun konnte, als mich liebevoll um Mister Mau zu kümmern. Stundenlang kraulte ich das Tier, spendete mir selbst und ihm Zuspruch und servierte ihm das teuerste Menü für Miezekatzen, das ich im Supermarkt finden konnte.

»Dein Herrchen packt das schon«, versicherte ich dem Kater nicht nur einmal. »Der ist so zäh, den wirft der Sensenmann freiwillig von seiner Schippe.«

Das Klinikpersonal leistete ganze Arbeit. Zwar war Hein von der Verlegung in ein Bett auf einer Normalstation himmelweit entfernt, aber seine Prognose, den ganzen Scheiß ohne langfristig bleibende Schäden zu überleben, war gut.

Nach einer Woche wurde es Zeit für einen ersten Besuch auf der Intensivstation. Es gab Neuigkeiten, und die wollte ich Hein nicht vorenthalten.

Der Anblick, der sich mir bot, als ich sein Zimmer betrat, ließ mich schlucken. Ich kannte meinen Freund und Kollegen nur vor Kraft strotzend – jetzt lag er in ein Krankenhaushemdchen gewandet im Bett und war mit zahllosen Schläuchen und Kabeln verziert.

Zumindest war er ansprechbar.

»Dass du mir hier auf den Sack gehen würdest, war ja klar«, sprach er leise.

»Ich bin nur hier, weil wir für übermorgen noch jemanden für die Nachtschicht suchen«, antwortete ich grinsend, und Hein lächelte. Einen Moment schwiegen wir, bevor ich mir einen Stuhl heranzog und mich neben das Bett setzte.

»Spaß beiseite!«, sagte Hein ein paar Minuten später. »Der kleine Zwischenfall wird wohl halbwegs gut ausgehen, und ich habe mitbekommen, dass Kollege Schnelle Fahndungserfolg vermelden konnte. Trotzdem … du weißt, ich mache mir schon lange so meine Gedanken. Ich habe es schon mal fallen lassen: Die Welt ist im Wandel, und ich bin irgendwie aus der Zeit gefallen. Was ich damit sagen möchte …« Er sah mich an, und der ernste, entschlossene Blick aus dem derangierten Gesicht meines Freundes ging mir durch und durch. »Na ja, ich habe fertig! Ich bin endgültig durch mit dem Job, mein Freund – ich warte nicht auf den nächsten Wahnsinnigen, der dann statt eines Messers eine Knarre zieht. Ab jetzt musst du allein die Welt retten.« Wehmut und Erleichterung schwangen in Heins Stimme.

»Und was willst du mit deiner Zeit anfangen? Du bist doch noch nicht rentenreif?«, entgegnete ich, bevor ich zweimal schluckte, weil mir vollkommen bewusst war, dass Hein es ernst meinte. Dass seine Entscheidung endgültig war.

»Was weiß ich? Tautreten in der Toskana, vielleicht gebe ich Kurse in Modellage mit Kartoffelsalat … Mal sehen. Wir hatten viele gute Tage, Rettung mit dir hat immer Spaß gemacht, doch ein jegliches hat seine Zeit – und meine im Blaulichtmilieu ist abgelaufen. Aber ich freue mich auf den nächsten Tauchurlaub mit dir!«, antwortete Hein. »Ich brauche schließlich eine neue Schwedin.« Sowohl ihm als auch mir lief ein Tränchen über die Wange.

»Ich habe auch Neuigkeiten für dich«, begann ich nach einem Augenblick verlegener Stille. Hein schaute mich erwartungsvoll an. »Ich habe deine Wertsachen an mich genommen und war so frei, auch Anrufe auf deinem Mobiltelefon entgegenzunehmen.«

»Ja, und?«, forderte Hein fragend.

Mit meiner Antwort ließ ich mir Zeit; einen kleinen Spannungsbogen konnte ich Hein wohl zumuten.

»Alma hat angerufen. Sie hat sich gegen Katzenhaare desensibilisieren lassen.«

Heins Gesichtszüge entglitten, aber seien Sie versichert: Ich sah darin pure Freude.

Nachwort

Ich hoffe, die Kurzgeschichten in diesem Buch haben Sie gut unterhalten. *Einsätze, die jeden Retter verzweifeln lassen* – so lautet der Untertitel, dessen tieferer Sinn sich als roter Faden durch die Texte zieht.

Weil nicht nur Hein und ich mit mehr oder weniger sinnhaften Notrufen und den daraus resultierenden Einsätzen hadern, möchte ich abschließend den Versuch wagen, für ein wenig mehr Selbsthilfe zu werben. Unnötige Einsätze zu vermeiden und damit wertvolle Ressourcen zu schonen, kann Leben retten – womöglich irgendwann das eigene.

Als Aufhänger soll eine Geschichte dienen, die die Abläufe im Einsatz realitätsnah und ausnahmsweise ohne Augenzwinkern betrachtet.

★

Die Alarmierung lautet: Feuer mit Menschenleben in Gefahr! Keine Seltenheit, aber auch nicht alltäglich. Jetzt geht es nicht darum, einen brennenden Müllcontainer zu löschen, sondern ums Ganze.

Zwei Löschzüge eilen durch den Stadtverkehr, jeweils bestehend aus einem Löschfahrzeug, einer Drehleiter und einem Tanklöschfahrzeug. Auch ein Notarzteinsatzfahrzeug und ein Rettungswagen sind auf dem Weg zur Einsatzstelle.

Die Informationen, die zum jetzigen Zeitpunkt zur Verfügung stehen, sind dürftig. Immerhin ist die genaue Adresse bekannt. Es brennt, und ein oder mehrere Personen befinden sich in einer Notlage, aus der sie sich selbst nicht befreien können.

Als Angriffstruppführer werde ich gleich gemeinsam mit einem Kollegen in eine brennende Wohnung eindringen, um Menschenleben zu retten und im besten Fall eine Brandbekämpfung einzuleiten. Bereits auf der Anfahrt rüsten wir uns im Mannschaftsraum mit unserer Schutzkleidung aus, überprüfen Funkgerät und Wärmebildkamera und treffen erste Absprachen. Wer nimmt welche Ausrüstung mit? Wer übernimmt welche Aufgabe?

In wenigen Augenblicken werden wir die Einsatzstelle erreichen. Bevor es wirklich losgeht, habe ich ein letztes Mal Gelegenheit, mich auf Gelerntes und vielfach Trainiertes zu fokussieren. Mein Zugführer auf dem Beifahrersitz hat ebenfalls Kopfkino. Er kann bereits eine deutliche Rauchentwicklung im betroffenen Straßenzug erkennen. Aus allen Informationen, die ab jetzt auf den Zugführer einprasseln, muss er ein Bild der Lage entwickeln, die Situation nach bestimmten Kriterien beurteilen und daraus blitzschnell Handlungen ableiten, die nicht nur ihn und sein Team, sondern alle involvierten Menschen betreffen werden. Kein leichter Job!

Das erste Löschfahrzeug fährt circa 15 Meter an der Einsatzstelle vorbei, was einer sinnvollen Strategie folgt, die die anwesenden Bewohner und Passanten allerdings kaum nachvollziehen können. Es entstehen Tumult und Stress, der Zugführer ist mit seiner Erkundung der Lage maximal gefordert, über Funk drängt die Leitstelle nach einer ersten Lageeinschätzung. Weitere Feuerwehrkräfte springen aus den Fahrzeugen und beginnen mit der Abarbeitung festgelegter Aufgaben.

Rollläden von Gerätefächern fliegen auf, Geräte werden entnommen, Schläuche rollen scheinbar ziellos durch die Gegend, und noch immer dringt kein Feuerwehrmann in das brennende Gebäude ein. Inzwischen sind nach Eintreffen an der Einsatzstelle mindestens zwanzig Sekunden vergangen. Als Einsatzkraft spürt man die Blicke des Umfelds: Tut doch endlich was! Doch was für Außenstehende vielleicht planlos wirkt, hat Struktur und geschieht nicht unüberlegt.

Um relevante Informationen zu erhalten und einordnen zu können, spricht mein Zugführer mit Bewohnern und Betroffenen. Wichtig: Es geht hier nicht um Small Talk!

In der Brandwohnung im zweiten Obergeschoss lebt eine Familie mit zwei Kindern. Die Frau konnte sich mit den Kindern ins Freie retten, jedoch wird der Ehemann vermisst. Sein genauer Aufenthaltsort in der Wohnung bleibt unklar. Der Treppenraum ist vollkommen verraucht und steht als Fluchtweg für weitere Bewohner zunächst nicht zur Verfügung – Sie erinnern sich: Bei einem Feuer ist der giftige Brandrauch das größte Problem.

Parallel erreichen den Zugführer weitere Meldungen über Funk, der Führer der Drehleiter hat die Rückseite des Gebäudes erkundet – hier besteht derzeit kein Handlungsbedarf.

Mein Zugführer hat seine Erkundung abgeschlossen, die Lage beurteilt und erteilt nun seine Befehle: »Angriffstrupp unter Atemschutz zur Menschenrettung und Brandbekämpfung mit erstem Strahlrohr über das Treppenhaus ins zweite Obergeschoss vor.«

In diesem Satz stecken alle Details, die ich zur Auftragserfüllung benötige. Vorbereitende Maßnahmen sind bereits erfolgt – es kann losgehen.

Gegenseitig verbinden mein Kollege und ich unsere Atemluftflaschen mit unseren Atemschutzmasken, greifen die Schlauchleitung samt Strahlrohr, eine Feuerwehraxt, einen Rauchschutzvorhang und weiteres Schlauchmaterial. Etwa vierzig Kilo schwerer und bepackt wie Lastesel im Himalaja dringen wir in das Gebäude ein. Die Sicht ist gleich null, also bewegen wir uns ab nun auf allen vieren.

Im zweiten Obergeschoss angelangt, wenden wir uns nach links zur Brandwohnung. In der Wohnungstür wird der Rauchschutzvorhang angebracht, sodass kein weiterer Rauch ins Treppenhaus gelangen kann, welches sich nun über eine installierte Rauchabzugsanlage belüften lässt. Der Rechtsregel (immer rechts an der Wand entlang) folgend durchsuchen wir die Wohnung nach dem Vermissten, die Brandbekämpfung steht zunächst im Hintergrund. Tastend kämpfen wir uns vor, die Feuerwehraxt verlängert den Arm und vergrößert den Suchradius. Die mitgeführte Wärmebildkamera liefert gute Dienste; Temperaturunterschiede werden so sensibel dargestellt, dass eine menschliche Silhouette von der Umgebung zu unterscheiden ist. Um nichts zu übersehen, wenden wir den sogenannten Würfelblick an, was nichts anderes bedeutet, als einen Raum von innen heraus auf jeder Seite zu betrachten.

Der Maschinist des Löschfahrzeugs erfragt über Funk den Restdruck unserer Atemluftflaschen, um sicherzustellen, dass uns genug Luft und Zeit für den Rückweg zur Verfügung stehen. Das kostet zwar einen Augenblick, sichert aber unseren Rückzug. Auch wenn man im Einsatz ab und zu Leib und Leben riskiert, ist die Feuerwehr kein Himmelfahrtskommando – daher sollte der Eigenschutz stets im Hinterkopf bleiben.

Wir suchen weiter. Im zweiten Raum werden wir fündig. Am Boden liegend entdecken wir eine männliche Person, aus einem weiteren Raum dringt Feuerschein zu uns, doch für Brandbekämpfung bleibt auch jetzt keine Zeit. In diesem Moment geht es um Menschenrettung. Die Ansprache der Person bleibt erfolglos, der Körper wirkt leblos. Eine abschließende Einschätzung ist in dieser absolut lebensfeindlichen Umgebung unmöglich. Über Funk beschreibe ich mit wenigen Worten unsere Situation und kündige an, dass wir mit einer verletzten Person den sofortigen Rückzug antreten. Unsere Ausrüstungsgegenstände bleiben zurück. Durchaus unsanft zerren wir den Mann in Richtung Wohnungstür, ein paar blaue Flecken werden in Kauf genommen, unser Schlauch dient als Orientierungshilfe für den Rückweg.

Im Treppenhaus angekommen, stoßen weitere Kollegen zu uns. Jetzt macht es sich bezahlt, dass sofort ein zweiter Löschzug zur Einsatzstelle alarmiert wurde. Ein Trupp unterstützt uns bei der Rettung des Verletzten, ein weiterer dringt an unserer Schlauchleitung in die Brandwohnung ein, um zügig Löschmaßnahmen einzuleiten.

Vor dem Haus übergeben wir den Verletzten dem Rettungsdienst. Mindestens eine schwere Rauchvergiftung ist zu vermuten. Ein Notarzt und mehrere Notfallsanitäter bringen den Verletzten in einen bereitstehenden Rettungswagen und beginnen unverzüglich mit den notwendigen medizinischen Maßnahmen.

Das Feuer ist schnell unter Kontrolle, trotzdem werden Nachlöscharbeiten und die Wiederherstellung der Einsatzbereitschaft noch circa eine Stunde in Anspruch nehmen.

Bis dahin ist der gerettete Familienvater längst in einem geeigneten Krankenhaus angekommen, Nachbarn und ein Notfallseelsorger betreuen Frau und Kinder.

Noch an der Einsatzstelle erfolgt eine kurze Nachbesprechung, um den Einsatzablauf und die Resultate zu reflektieren. Eine Person wurde gerettet, kein Kollege hat sich verletzt, das Feuer ist gelöscht. Alle Routinen haben gegriffen, wir fahren zufrieden zurück zur Wache.

Zwanzig Minuten später unter der Dusche erfolgt die nächste Alarmierung – auf der Autobahn sind nach einem Verkehrsunfall mehrere Personen in ihren Pkws eingeklemmt ...

★

Diese durchaus leicht heroische Schilderung eines Einsatzablaufs soll nicht dazu dienen, den Heldenstatus der Feuerwehr zu untermauern. Vielmehr möchte ich Ihnen als Lesenden darstellen, welche Überlegungen zum Einsatzerfolg geführt haben. Denn die Bewältigung unterschiedlichster Lagen ist kein Zufallsprodukt, sondern geschieht systematisch und zielorientiert.

»... aus allen Informationen, die ab jetzt auf ihn einprasseln, muss der Zugführer ein Bild der Lage entwickeln, die Situation nach bestimmten Kriterien beurteilen und daraus blitzschnell Handlungen ableiten, die nicht nur ihn und sein Team, sondern alle involvierten Menschen betreffen werden ...«

Diese Zeilen bilden den elementarsten Aspekt in diesem Text. Denn genau das ist es, was beginnt, wenn *Sie* in eine Ausnahmesituation geraten: ein nicht endender Kreislauf aus Eindrücken, Gefühlen und Informationen, deren Beurteilung und daraus abgeleitete Handlungen.

Leider lernt man heutzutage kaum noch irgendwo Strategien, um derartigen Situationen zu begegnen. Wie Hein in *Weil nicht sein kann, was nicht sein darf* bemerkt, kann heute jeder Zwölfjährige eine App programmieren, ist jedoch nicht in der Lage, mit einfachen Hilfsmitteln ein Feuer zu entfachen. Ich möchte nicht zum »Preppen« aufrufen, aber haben Sie eigentlich Streichhölzer, ein paar Kerzen oder wenigstens eine Taschenlampe im Haus? Nur für den Fall, dass mal der Strom ausfällt.

Damit wir uns richtig verstehen: Bitte bekämpfen Sie den Wohnungsbrand Ihres Nachbarn nicht selbst! Einen kokelnden Mülleimer an einem Laternenmast mit einem Eimer Wasser zu überschütten, das traue ich jedoch jedem Wahlberechtigten zu. Wissen Sie, wo sich der Haupthahn der Wasserzufuhr für Ihre Wohnung befindet? Im Fall eines Wasserschadens keine uninteressante Fragestellung. Können Sie den Batteriealarm Ihres Rauchmelders von einer echten Alarmierung unterscheiden?

Allein diese drei Beispiele zeigen, wie sich eine Vielzahl von Feuerwehreinsätzen vermeiden ließe. Fragen Sie sich selbst, ob nächtliche Blähungen wirklich ein Grund sind, den Rettungsdienst zu rufen, oder ob es zur Versorgung einer Schnittverletzung am kleinen Finger tatsächlich einen Notarzt braucht.

Leider verstärkt sich mit jedem meiner Berufsjahre der Eindruck, dass die Widerstandsfähigkeit gegenüber Alltagsproblemen in der Gesellschaft nachlässt. Gleichzeitig wächst ein überbordendes Anspruchsdenken an staatliche und nicht staatliche Dienstleistungen aller Art, was langfristig jedes System zum Scheitern verurteilt.

Mein Lösungsansatz lautet: Selbsthilfe! Vertrauen in die eigenen Möglichkeiten, ohne sich selbst zu überschätzen oder in Gefahr zu bringen. Ich kenne mich, meine Umgebung und meine Fähigkeiten. Und seien Sie gewiss, auch der Autor stößt regelmäßig an seine Grenzen – sobald Feinmotorik oder Kommasetzung ins Spiel kommen, bin ich auf die Hilfe anderer angewiesen.

Wie nähert man sich also einer Ausnahmesituation?

In meinem Berufsalltag stelle ich mir zunächst die Frage: »Gibt es überhaupt ein Problem?« Der erste Eindruck kann nämlich durchaus täuschen. Lassen Sie es mich salopp formulieren: Längst nicht jede ältere Dame möchte über die Straße geführt werden. Oder erinnern Sie sich an den *Reiher am Weiher*.

Der nächste Schritt ist die Beurteilung der Lage mit gesundem Menschenverstand. Kann ich selbst helfen, oder brauche ich Hilfe von Profis? Als Nichtschwimmer kann ich keinen Ertrinkenden retten, außer vielleicht in sehr flachem Wasser ohne Strömung. Und genau um eine solche Einschätzung geht es! Selten gibt es ein »Richtig« oder »Falsch« oder ein klares »Ja« oder »Nein«. Das Leben ist eine Aneinanderreihung von Entscheidungen, die im besten Fall überlegt getroffen werden.

Gleiches gilt für einen Notruf. Reflexartig die 112 anzurufen, weil ein Rauchmelder einmal pro Minute ein leises »Piep« von sich gibt, ist nicht verhältnismäßig, sondern zeigt nur, dass die Bedienungsanleitung nicht gelesen wurde.

Haben Sie sich entschieden, die Sache mit dem Wasserschaden selbst in die Hand zu nehmen, so handeln Sie entschlossen, ohne dabei Aspekte wie Effizienz und Sicherheit außer Acht zu lassen. Rom wurde zwar nicht an einem Tag erbaut, trotzdem ist manchmal Eile geboten. Wenn Sie zwei Stunden brauchen, um den Schlüssel des Hausanschlussraums zu organisieren, während warmes Heizungswasser Ihr Echtholzparkett flutet, dann war das mit der Selbsthilfe keine gute Idee. Und bitte passen Sie auf sich selbst auf! Es ist niemandem geholfen, wenn Sie sich in nassen Badelatschen auf der Marmortreppe lang machen und dabei die Beine brechen.

Zusammengefasst: Bei meinem Ansatz zur Selbsthilfe geht es darum, ein Problem oder eine Ausnahmesituation als solche zu erkennen, die eigene Lage und die eigenen Fähigkeiten zu beurteilen, um dann einen Entschluss zu fassen.

Was hier vielleicht etwas hölzern und widerspenstig klingt, müssen Sie nicht erst erlernen, Sie leben es bereits jeden Tag. Wenn Sie Hunger haben und sich für ein bestimmtes Restaurant entscheiden, tun Sie nichts anderes.

Hein würde es mit folgendem Beispiel verdeutlichen:

»Sie haben Hunger und wollen eine Pizza bestellen ...«

Problem: Hunger

Lösung: Nahrungsaufnahme

Problem: aber was?

Lösungsmöglichkeiten: Burger, Pizza, Döner, Drei-Gänge-Menü, Chinamann

Beurteilung und Entschluss: Pizza!

Problem: aber welche?

Lösungsmöglichkeiten: Tiefkühlpizza, Lieblingsitaliener, selbst Steinofen bauen

Beurteilung und Entschluss: Lieblingsitaliener!

Problem: öffnet erst in zwei Stunden

Alternative Lösungsmöglichkeiten: Burger, Döner, Drei-Gänge-Menü, Chinamann

Beurteilung und Entschluss: Chinamann!

Problem 1: Rind, Schwein, Huhn, Ente oder Katze?

Problem 2: scharf? Oder nur ein bisschen scharf?

Beurteilung und Entschluss: Ente, scharf, in Austernsauce und Nudeln statt Reis

Maßnahmen und Umsetzung: »Hallo Herr Li, einmal die 131, wie immer ...«

Resultat: kein Hunger mehr, dafür Sodbrennen und Glutamatvergiftung

Lösungsmöglichkeiten: ...

Das Prinzip dürfte klar sein.

Und jetzt: Guten Appetit! Bis bald mal ...

Jörg Nießen

Danksagung

»Ein jegliches hat seine Zeit.«

Altes Testament, Der Prediger Salomo (Kohelet)

Über zehn Jahre hat Hein mich inzwischen durch das Blaulichtmilieu begleitet. Wir sind zusammen durch dick und dünn gegangen. Wir haben gelacht und geweint und uns so manchen Dienst um die Ohren gehauen. Aber ein jegliches hat seine Zeit, und Hein hängt seine Rettungsdienst- und Feuerwehrklamotten an den Nagel. Grund genug, meinen fiktiven Protagonisten hochleben zu lassen – ich habe ihm viel zu verdanken.

Keine Sorge. Das soll nicht bedeuten, dass ich keine Bücher mehr schreiben werde, aber mit Kurzgeschichten ist erst einmal Schluss. Für Hein und mich wird es Zeit, sich weiterzuentwickeln, und die ein oder andere Idee gibt es auch schon.

Ein dickes Dankeschön gebührt meinem Rudel, bestehend aus meiner Lebensgefährtin Marion und unserem Hund Balu. Ohne die beiden hätte Hein nie das Licht der Welt erblickt.

Wiederkehrender Dank auch an meine Schwestern, die mich bei der Auswahl des Coverbilds erneut positiv beeinflusst haben.

Dank an meine Kollegen, meine Vorgesetzten, die Menschen von S-GARD Schutzkleidung und an das Team vom Klostercafé Hohenbusch, die alle auf ihre Weise an der Realisierung des Buches mitgewirkt haben.

Außerdem ein herzlicher Dank an all die lieben Menschen bei Eden Books. Ihr seid die Geilsten!

Danke an Christoph, der an meinem Geschreibsel bis heute nicht verzweifelt ist.

Danke an Jennifer, habe so viel von dir gelernt – so viel ... danke schön.

Vielen Dank auch an Friederike, Marion, Nina, Cornelius, Robert, Olaf, Leif, Thomas, Gerda, Ina, Karin, Armin, Jürgen, Michael, Annabell, Jonathan, Daniel, Noah, Kira, Marianne, Leo, Charlotte, Hubert und viele weitere mehr, deren Namen ich unsäglicherweise kurzfristig verdrängt habe.

Tiefe Verneigung und von Herzen: DANKE!

Bereits erschienene Titel von Jörg Nießen:

Schauen Sie sich mal diese Sauerei an
20 wahre Geschichten vom Lebenretten
Schwarzkopf & Schwarzkopf
ISBN: 978-3-89602-991-1
September 2010
Taschenbuch, 224 Seiten
9,95 € (D) | 10,30 € (AT)

Die Sauerei geht weiter
20 neue wahre Geschichten vom Lebenretten
illustriert von Jana Moskito
Schwarzkopf & Schwarzkopf
ISBN: 978-3-86265-060-6
September 2012
Taschenbuch, 256 Seiten
9,95 € (D) | 10,30 € (AT)

112 Gründe, die Feuerwehr zu lieben
Eine Hommage an eine ganz besonders heiße Institution
illustriert von Marco Reichert
Schwarzkopf & Schwarzkopf
ISBN: 978-3-86265-197-9
Februar 2014
Taschenbuch, 224 Seiten
9,95 € (D) | 10,30 € (AT)

Feuerwehr Köln: Wie geht das?
Johannes Feyrer und Jörg Nießen (Hrsg.)
Bachem, J P
ISBN: 978-3-7616-2966-6
Dezember 2015
Hardcover, 80 Seiten
16,95 € (D) | 17,50 € (AT)

Rettungsgasse ist kein Straßenname
Die Abenteuer eines Notfallsanitäters und Feuerwehrmanns
Eden Books
ISBN: 978-3-95910-177-6
September 2018
Klappenbroschur, 224 Seiten
12,95 € (D) | 13,40 € (AT)

Impressum

Jörg Nießen
Jackie hat Hirn erbrochen – bleibt die jetzt doof?
Einsätze, die jeden Retter verzweifeln lassen
ISBN: 978-3-95910-330-5

Eden Books
Ein Verlag der Edel Verlagsgruppe

www.edenbooks.de | www.edel.com
1. Auflage 2021

Einige der Personen im Text sind aus Gründen des Persönlichkeitsschutzes anonymisiert.

Projektkoordination: Nina Schumacher
Lektorat: Friederike Haller
Umschlaggestaltung: zero-media.net, München
Covermotiv und Autorenporträt © Sebastian Knoth
Layout und Satz: Datagrafix GSP GmbH, Berlin | www.datagrafix.com
Druck und Bindung: GGP Media GmbH, Pößneck

Printed in Germany

Dieses Buch ist auch als E-Book erhältlich.

Eden Books unterstützt bei der Produktion dieses Buches das Projekt »Junge Riesen für die nächsten 100 Jahre«. Damit wird ein Anteil der unvermeidbaren CO_2-Emissionen im direkten Umfeld des Produktionsstandortes kompensiert.

EDEL
VERLAGSGRUPPE

FSC
www.fsc.org
MIX
Papier aus verantwortungsvollen Quellen
FSC® C014496